面向"中国制造2025"的现代职业教育本科人才培养改革研究

翟希东 著

西南财经大学出版社
Southwestern University of Finance & Economics Press

中国·成都

图书在版编目(CIP)数据

面向"中国制造2025"的现代职业教育本科人才培养改革研究/翟希东著.
—成都:西南财经大学出版社,2021.7
ISBN 978-7-5504-4977-0

Ⅰ.①面…　Ⅱ.①翟…　Ⅲ.①制造工业—职业教育—人才培养—
研究—中国　Ⅳ.①F426.4

中国版本图书馆 CIP 数据核字(2021)第 143272 号

面向"中国制造 2025"的现代职业教育本科人才培养改革研究

MIANXIANG "ZHONGGUO ZHIZAO 2025" DE XIANDAI ZHIYE JIAOYU BENKE RENCAI PEIYANG GAIGE YANJIU

翟希东　著

责任编辑:王利
封面设计:何东琳设计工作室
责任印制:朱曼丽

出版发行	西南财经大学出版社(四川省成都市光华村街55号)
网　　址	http://cbs.swufe.edu.cn
电子邮件	bookcj@ swufe.edu.cn
邮政编码	610074
电　　话	028-87353785
照　　排	四川胜翔数码印务设计有限公司
印　　刷	四川煤田地质制图印刷厂
成品尺寸	170mm×240mm
印　　张	10.75
字　　数	199 千字
版　　次	2021 年 7 月第 1 版
印　　次	2021 年 7 月第 1 次印刷
书　　号	ISBN 978-7-5504-4977-0
定　　价	65.00 元

前　言

2014 年《现代职业教育体系建设规划（2014—2020 年）》《国务院关于加快发展现代职业教育的决定》等文件的出台，明确了发展现代本科职业教育，解决职业教育"断头路"，完善我国现代职业教育体系的职业教育发展理念，这标志着本科层次的现代职业教育从零星的探索被正式纳入高等教育发展体系当中，并且成为中国特色职业教育体系的重要构成部分，拉开了我国现代职业教育本科人才培养实践探索的序幕。随着我国现代化建设进程的不断推进，社会经济及科学技术发展对人才培养的应用性、实践性和创新性要求不断提高，市场对相应人才的规格和标准的需求的变化，使得发展现代职业教育逐渐成为职业教育人才培养行业的共识。现代职业教育体系是推动经济发展、教育体系完善、促进就业的关键环节，而现代职业教育本科层次的人才培养改革则是高等职业教育适应经济发展方式转变和经济结构调整的必然要求。

制造业是一个国家提升综合国力、保障国家安全和强盛的支柱性产业，加快建设制造强国，发展先进的现代制造业，提高制造业的发展水平，是我国社会经济发展和产业结构调整的重要关注点。《中国制造 2025》作为制造业振兴的重大发展战略，必然会带来社会经济发展的结构优化、质量提升，而本科层次的现代职业教育具有职业性、应用性、创新性、高层次性等特征，其所培养的知原理、懂技术、会操作、能创新的高层次技术技能型人才是当前我国制造业发展急需的人才类型，是我国打造具有国际竞争力的现代制造业、迈向全球价值链高端环节的重要人才支撑，使得现代职业教育本科人才培养成为当前制造业升级发展高层次应用型人才支撑的重要供给渠道。

基于此，本书从推动现代职业教育本科人才培养事业发展，为我国制造业转型升级提供高层次技术技能型人才支撑的角度出发，对现代职业教育本科人才培养的目标确定、课程体系设计、技术技能培养、教学方法运用、软硬件条件支撑等方面进行了分析探讨，期望能为现代职业教育本科人才培养事业的发展提供科学的决策依据。本书的主要内容集中于以下几个方面：

第一，通过梳理职业教育发展的历程，对比国内外职业教育发展的成果，结合我国现代职业教育发展实际，在深入探讨现代职业教育体系内涵的基础上，对现代职业教育本科人才培养的内涵进行分析，明确现代职业教育本科人才培养的目标、定位。

第二，从职业教育人才培养体系层次构成的角度，对现代职业教育体系中本科人才培养的现状进行调查研究，通过调研数据、统计资料等，运用定量和定性相结合的方法分析现代职业教育本科人才培养体系的要素和结构，明确其发展特征。

第三，详细探讨《中国制造2025》的特点和要求，借鉴发达国家职业教育的先进经验，结合供给侧结构性改革与转变经济发展方式的实际，分析《中国制造2025》对各层次人才需求的特点，以双维度协调为基本出发点，重点探析现代职业教育本科层次人才的需求特征，为人才培养体系的优化、改革及构建提供理论依据。

第四，根据《中国制造2025》对本科人才需求的特质分析，以现代职业教育本科人才培养的质量保证为基本出发点，从培养目标、教学体系、实践体系、保障体系与评价手段等方面对当前现代职业教育本科人才培养体系进行优化、改革，构建与《中国制造2025》战略实施及社会经济发展需要相匹配的现代职业教育本科人才培养体系。

第五，与制造业相关单位建立合作关系，进行对接《中国制造2025》的现代职业教育本科人才培养的实证分析，对参与学生进行跟踪调查，并深入进行企业访谈，分析人才培养体系的合理性和差异性，探讨改进方法和对策。

第六，根据课题的研究结果，分别从宏观、中观、微观三个层面为对接《中国制造2025》战略的现代职业教育本科人才培养提出建议和参考意见。

鉴于现代职业教育本科人才培养体系目前仍处于探索发展时期，同时受到编写时间、编写能力和研究水平局限，本书尚有诸多不足之处，恳请广大读者提出宝贵意见，以便今后进一步修订和完善。

翟希东

2021年6月

目　录

1　现代职业教育本科人才培养的内涵 / 1

　1.1　现代职业教育的内涵 / 1

　1.2　现代本科职业教育的界定 / 5

　1.3　现代职业教育本科人才培养的特征及目标 / 14

2　现代职业教育本科人才培养现状及特点分析 / 19

　2.1　现代本科职业教育发展现状 / 19

　2.2　现代职业教育本科人才培养现状 / 28

　2.3　现代职业教育本科人才培养现状的特点 / 34

3　《中国制造 2025》与现代职业教育本科人才培养

　　及其协调性分析 / 37

　3.1　《中国制造 2025》的战略规划与人才需求特点 / 37

　3.2　现代职业教育本科人才培养与经济发展协调性分析 / 44

　3.3　现代本科职业教育专业结构协调性分析 / 52

　3.4　《中国制造 2025》战略对现代职业教育本科人才需求的特点

　　分析 / 61

**4 对接《中国制造 2025》的现代职业教育本科人才
   培养体系的构建 / 64**

  4.1 三维协同的人才培养机理分析 / 64

  4.2 培养目标的确定 / 66

  4.3 课程子体系与教学子体系设计 / 67

  4.4 实践能力培养子体系设计 / 74

  4.5 评价子体系设计 / 78

  4.6 保障子体系设计 / 82

  4.7 质量控制子体系设计 / 88

**5 对接《中国制造 2025》的现代职业教育本科人才
   培养实证分析 / 92**

  5.1 现代职业教育微电子科学与工程专业本科人才培养实证分析 / 93

  5.2 现代职业教育物流管理专业本科人才培养实证分析 / 107

**6 对接《中国制造 2025》的现代职业教育本科人才
   培养的对策与建议 / 131**

  6.1 宏观层面 / 131

  6.2 中观层面 / 134

  6.3 微观层面 / 135

参考文献 / 142

附录 / 146

  附录一 现代职业教育本科人才培养院校访谈 / 146

  附录二 芯片制造行业核心能力访谈提纲 / 147

附录三　芯片制造行业核心能力重要性问卷 / 147

附录四　现代职业教育物流管理专业本科人才培养核心能力
　　　　调查问卷 / 149

附录五　现代职业教育物流管理专业本科人才核心能力培养成效
　　　　调查问卷（学生版）/ 151

附录六　现代职业教育物流管理专业本科人才核心能力培养成效
　　　　调查问卷（实习单位版）/ 153

附录七　现代职业教育物流管理专业本科人才核心能力问卷
　　　　打分结果 / 155

1 现代职业教育本科人才培养的内涵

1.1 现代职业教育的内涵

1.1.1 职业教育的内涵

当前，对于职业教育的概念还没有形成统一的认识，不同学者和组织从不同的角度进行了分析和阐释。国际上对于职业教育概念的认识可以归结为职业教育观的论述和职业教育内涵的界定两个方面。在职业教育观方面，美国教育学家杜威[1]在其著作《民主主义与教育》中认为"从前的教育均具有职业教育性质"，而保罗·孟禄[2]也在《教育史教科书》中提到"一切教育都是职业教育"，这两位学者的论断都体现了广义的职业教育观。相对应的德国教育学家凯兴斯泰纳[3]、英国教育家弗雷德·诺思·怀特海[4]则分别在各自的著作中从工人培训、技术传授的角度探讨了职业教育，从而在狭义的层面体现了职业教育观。

在 1963 年，美国通过的《职业教育法》[5]就对职业教育的内涵进行了界定：职业教育是全面提高受教育者的职业、知识、技术和技能，培养学生严格的学术技能和技术技能的教育。1997 年，联合国教科文组织在《国际教育标准分类法》[6]中指出与普通高等教育相对应，职业教育是面向实际的，适应具体职业的，让受教育者获得从事某种职业或行业的资格和相应的知识和技能，为劳动者进入具体的职业岗位所进行的教育。2005 年，德国在其《联邦职业教育法》[7]中对职业教育的概念进行了界定，认为职业教育是指通过规范的教育过程，传授职业活动所需的职业技能、知识和能力的教育。在 2011 年修订的《国际教育标准分类法》[8]中，认为职业教育是使学习者获得某种职业或行业或数种职业或行业特定的知识、技艺和能力的教育，并强调职业教育与普通教育是两种不同的教育类型，二者是平等、协作、融通的关系。《国际教育标准分类法》对职业教育概念相对清晰的界定和明确，使其成为当前研究职业教育人才培养、应用型人才培养的理论基础。

在我国，"职业教育"一词最早出现于 1904 年[9]，随着 1917 年中华职业教育社的创办，职业教育作为教育体系中与普通教育相对应的教育类型被大多数学者接受，此后很多学者对职业教育的概念和内涵进行了分析和探讨。我国著名教育学家黄炎培认为，所谓广义的职业教育即凡是教育都有职业的性质[10]。黄炎培对于职业教育的阐释，奠定了我国职业教育理论研究的基础。而狭义的职业教育则注重从职业技能传授和职业素质培育两个方面进行人才的培养，关注人才培养的个性化、职业化、社会化和创新化[11]。刘和群[12]则从教育分类的角度出发，认为职业教育是以培养生产、建设、管理、服务一线技术应用型专门人才和熟练劳动者为目标的教育类型。欧阳河[13]在对职业教育相关理论进行系统梳理的基础上，认为职业教育是教育服务的一种，建立在基础教育之上，能够对受教育者进行相应的培训和训练，使其掌握从事某一特定职业或岗位的相关知识、理论和技能。周勇[14]则从职业教育的人才培养功能视角出发，认为职业技能的训练和职业道德的培养是职业教育概念的两个基本方面。

从上述分析可以看出，职业教育的内涵有广义和狭义之分。通常对职业教育人才培养的实践进行探讨时，均是从狭义的角度进行分析，因此，就职业教育的内涵而言，尽管不同学者和组织对职业教育内涵的理解角度有所不同，但是都强调职业教育的职业性特征，强调对技术、技能的培养和训练，对职业教育人才培养的能力和素质有一定的要求。基于此，职业教育的内涵可从三个方面进行理解：首先，职业教育是有明确目的的教育，职业教育是使受教育者习得职业技能，培养受教育者职业素质的教育类型，其根本目的在于满足受教育者的职业生涯发展需要，满足社会经济发展对技术技能型人才的需求。其次，与普通教育不同，职业教育的关注点在于职业理论知识的学习和认知、职业技术技能的习得和运用、职业道德的形成和培育、创新能力的培养和提升。最后，职业教育具有职业性、应用性、适应性、动态性等特征，会随着社会经济的发展而不断完善。总体而言，可以将职业教育界定为：为满足受教育者从事职业岗位的需要所进行的知识学习、技能训练、能力培养和素质教育，强调职业岗位技能的训练和学习、职业核心能力的培养、创新能力的培育和职业综合素质的提升，从而使受教育者能够更有效地从事相应的职业、岗位工作，并促进受教育者自我价值的实现。

1.1.2　现代职业教育的内涵分析

随着我国现代化建设进程的不断推进，社会经济及科学技术发展对人才培养的应用性、实践性和创新性的要求不断提高，市场对相应人才的规格和标准的需求的变化，使发展现代职业教育逐渐成为职业教育人才培养行业的共识。米靖[15]早在 2004 年就对职业教育的现代性内涵进行了初步的探讨，并认为其现代性主要表现在关注职业教育与劳动力市场的适应性、职业技术训练以及人的全面发展三个方面。和震[16]则在分析职业教育概念和内涵的基础上，试图从现代职业教育的职业性、技能性、社会性、终身性和全民性等特征的视角阐释现代职业教育的内涵。进入 21 世纪后，随着我国社会经济的快速发展，现代职业教育的内涵不断丰富和完善，祝士明等[17]从五个对接（专业设置与产业需求对接、课程内容与职业标准对接、教学过程与生产过程对接、毕业证书与职业资格证书对接、职业教育与终身学习对接）的角度讨论了现代职业教育的内涵和特征。刘士祺[18]认为现代职业教育的内涵可以从适应需求、面向人人、有机衔接和多元立交四个方面来进行理解和分析。崔景贵[19]则从现代职业教育的价值根基、发展理念及范式角度对现代职业教育进行了分析和探讨，认为现代职业教育的内涵应当着重从技术技能人才培养、国家制度建立、运行机制重塑、人才培养模式创新、职教资源优化配置、评价体系构建六个方面进行理解和分析。杨成明[20]针对我国职业教育发展的实际，认为我国现代职业教育的内涵应关注职业教育的国际化发展、社会经济支撑作用、个人自我价值实现、职业生涯不断发展进步四个方面。

基于上述分析，根据不同学者的研究成果，从现代职业教育人才培养的实践出发，我们可将现代职业教育的内涵界定为：现代职业教育是职业教育发展的现代化阶段，是与社会经济发展和科学技术进步相适应的，面向生产服务一线，培养高素质劳动者和技术技能人才，并促进全体劳动者可持续职业发展的教育类型，重点关注知识和技能传授，强调应用能力、技术技能、创新能力和综合素质的培养，注重受教育者的自我价值实现和职业生涯的不断发展与提升。

1.1.3　现代职业教育体系的内涵及特征

当前，社会经济发展对应用型人才的需求无论是在数量上还是在质量上都提出了更高的要求，职业教育作为应用型人才培养的主要载体，需要更系统化、科学化的规划和发展，使现代职业教育体系的建设和发展成为 21 世纪我国职业教育发展的重要关注点。2000 年，刘根厚[21]在借鉴分析了法国、德国和英国等国家的职业教育体系后，提出了建设我国现代职业教育体系的观点，并论述了现代职业教育体系的具体结构。2002 年，在《国务院关于大力推进职业教育改革与发展的决定》中，现代职业教育体系建设在制度层面得到确认。此后，不同学者对现代职业教育体系进行了分析和解构，如张振元[22]对现代职业教育体系进行了系统的分析，论述了现代职业教育体系的特征和内涵；姜大源[23]则从教育理论的角度，论述了技术教育与技能教育的区别、职业教育中高衔接、职业教育与普通教育的区别、三个现代职业教育体系建设中的关键问题。2011 年，时任教育部副部长鲁昕提出建立中、高等职业教育协调发展的现代职业教育体系，探索本科层次的职业教育人才培养[24]。至此，现代职业教育体系的层次结构逐步得到清晰和完善，对现代职业教育体系的建设和探索逐步深入并呈现出科学化的趋势。2014 年，先后出台的《国务院关于加快发展现代职业教育的决定（2014）》《现代职业教育体系建设规划（2014—2020 年）》两个文件，进一步明确了现代职业教育体系的结构和层次。

根据不同学者的研究成果，结合现代职业教育体系的建设实践，我们可以认为现代职业教育体系是指与社会经济发展需求相匹配，以满足人民群众职业教育和培训需求为目标，政府、企业、学校等各教育主体相互协调、相互配合，由中职、高职、本科、研究生等培养层次所构成的有机的、开放的、可持续发展的应用型人才培养体系。现代职业教育体系是我国教育体系的重要组成部分，对社会经济发展和科学技术应用及创新具有重要的支撑作用，具有现代性、系统性、职业性特征。

（1）现代性。现代职业教育体系的形成和发展是对我国原有职业教育体系的传承和创新，是职业教育发展到一定阶段的必然结果。近年来，随着我国经济发展方式的转变，经济体系结构的优化调整，与之相适应，职业教育体系也在不断进行调整和完善，从满足现代产业体系建设和人的全面发展出发，遵循人才培养的基本规律，形成与时俱进、改革创新的现代化职业教育体系，从而实现职业教育的科学定位与合理布局，以更好地适应社会经济发展对技术技能型人才的需求。

（2）系统性。现代职业教育体系的系统性主要体现于纵、横两个方面。现代职业教育体系包含中等职业教育、高等专科职业教育、本科职业教育和研究生职业教育，四个层次间的相互衔接和协调，形成了从中等职业教育到研究生职业教育的纵向人才培养体系，突破了当前职业教育"断头路"的困局，形成了与普通高等教育体系相对应的现代职业教育体系，满足了社会经济发展对不同层次技术技能型人才的需求。横向系统性则是指，职业教育体系与普通教育体系间和职业教育体系中不同学科、不同产业门类间的对接、互通、协调发展，以保证国民经济各行业发展对不同类型人才的需求。

（3）职业性。作为我国职业教育发展新阶段的产物，现代职业教育体系具有明显的职业性特征，具体表现在实用效应和人本效应两个方面。实用效应方面，现代职业教育体系培养中等、高等不同层次的技术技能型人才，在一定的理论学习基础上，注重相应层次技术技能的经验学习与感悟，以促进职业能力和素质的培养，提升职业发展潜力。人本效应方面，则是在完善现代职业教育体系的基础上，为学生提供个人潜能充分发挥的途径，形成包括中职、高职、本科乃至研究生层次的职业教育人才培养体系，满足技术技能型人才个人发展、自我价值实现的需求，从而充分注重个人发展的潜能，张扬个体的特性，满足新时代人民群众终身学习的教育需求。需要指出的是，与传统的师徒授业方式只注重技术、技能、经验传授不同，现代职业教育体系的职业性是在培养较强动手能力和职业技术技能的同时，强调以人为本，终身发展的育人理念，加强学生的人文素养和个人素质的提高，实现实用效应和人本效应的有机融合、协调统一。

1.2　现代本科职业教育的界定

现代职业教育体系强调人才培养与社会经济发展需求相匹配，强调人才成长的终身性和系统性，而现代职业教育本科层次的人才培养，正是现代职业教育体系的重要创新，不仅能够完善职业教育人才培养的层次和类型，还能够更好地满足社会经济发展对高层次技术技能型人才的需求，满足新时代人民群众职业教育和终身学习的需求，是我国职业教育体系不断完善和发展的结果。我们认为，根据现代职业教育体系的建设发展实际，梳理相关研究成果，对于现代本科职业教育，可以从三个方面进行分析。

1.2.1　人才分类理论

随着社会分工的不断细化，社会经济发展对人才的需求呈现类型化、层次化，同时，受到不同性格和心理特征的影响，不同的人所适合的职业和岗位也有所不同，因此，社会经济发展过程中人才类型和层次的形成是社会分工、职业需求和心理个性综合影响的结果。基于此，对现代本科职业教育的界定，首先需要厘清人才分类状况，从而为现代本科职业教育内涵的明确提供理论支撑。具体而言，可从职业带理论、霍兰德职业性格理论和社会分工理论视角进行分析。

1.2.1.1 职业带理论视角

职业带理论是依据职业、岗位对基础理论知识、实践操作能力的要求不同而进行的人才类型划分[25]。职业带中所体现出的人才类型会随着生产技术的发展而变化。从大工业初期的工程师和技术工人两类人才到 20 世纪以来工程师、技术员和技术工人三种类型的人才划分[26]，反映了社会经济发展、科学技术进步所带来的职业、岗位对基础理论知识和实践操作能力需求的变化。随着第四次工业革命的到来，科学技术的不断发展和应用，不同行业、职业和工作岗位对基础理论知识和实践操作能力的要求更加细化和复杂，导致职业带中的人才类型也出现了相应的变化，工程师和技术员之间、技术员和技术工人之间的边界更加模糊，两两间的交界处产生了新的人才类型，形成了更加细化的职业带人才类型划分。具体如图 1-1 所示。

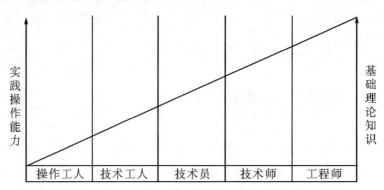

图 1-1　职业带理论的人才分类示意图

图 1-1 中将整个职业带的人才划分为操作工人、技术工人、技术员、技术师和工程师五种类型。与以往职业带理论三种人才类型的划分不同，增加了操作工人、技术师两种人才类型，同时原有的技术工人、技术员两种类型人才的内涵也有所变化。其中，操作工人应能够按照相应的操作规程进行机械、设备的使用和操作，关注于生产实践工作中操作技能的熟练程度。与以往不同，技术工人不仅需要具备一定的理论知识，而且对其实践操作技能有更高的要求，要求其在工作实践中操作设备、使用工具的同时，能够进行一定的设备维护、调试等工作。技术员岗位对基础理论知识和实践操作能力的要求比例相当，既

要求技术员具备较为扎实的基础理论知识，还要求其具有良好的实践操作技能，能够将所掌握的基础理论知识、技术技能进行熟练应用，从而适应生产实践一线的技术规程设计、工艺流程优化及设备设施维修和革新等工作。技术师岗位则对基础理论知识的要求更高，技术师需要具备扎实的基础理论知识及相应的实践操作技能，能够从事生产实践工作中的技术革新、工艺创新、管理决策、新技术研发与应用等工作。工程师则以掌握基础理论知识为主，对其实践操作技能的要求较弱，主要关注工程技术中普遍性、规律性问题的创新与解决。通过上述分析可知，从广义角度来看，操作工人、技术工人、技术员、技术师四种人才均对实践操作技能有一定的要求，可以认为这四种人才是职业教育人才培养的范畴，均可认为是技术技能型人才。从狭义角度来看，考察对这四种人才理论知识和实践操作能力的要求可知，对于操作工人和技术工人，更为偏重其实践操作能力的培养，因此，这两种人才可以被归类为技能型人才。对于技术师，则对其基础理论知识更为关注，从而能够更好地以所学理论知识来指导生产实践，因此，技术师可以被认为是技术型人才。技术员处于整个职业带的中间位置，要求其理论知识和实践技能并重，既要有技能型人才所具备的生产实践一线设备、工具的操作技能，又需要具备良好的指导实践、技术应用的理论知识，因此，可以认为技术技能型人才特指技术员。根据上述分析，结合我国职业教育发展的实际，本科职业教育所培养的高层次技术技能型人才对应于职业带中的技术员，而操作工人可由中职类院校进行培养，技术工人可由高职类院校进行培养，技术师则可界定为职业教育本科院校所培养的硕士层次人才。

1.2.1.2 霍兰德职业性格理论视角

1959年，美国著名的心理学教授约翰·霍兰德（John Holland）提出了霍兰德职业性格理论。该理论分析了人的个性、兴趣和人格类型与职业类型间的关系。霍兰德职业性格理论将人的人格分为现实型、研究型等六种类型[27]，每种类型对应不同的职业特征，不同的职业类型和人格特征体现了不同人才的不同特点，从而进一步揭示了职业人才分类的根本属性。具体如表1-1所示。

在霍兰德职业性格理论中，艺术型职业性格的主要特点是具有较强的创造能力，有一定的个性，且不善于事务性工作，因此，该类型的职业性格主要倾向于学术研究型人才；调研型职业性格，具有一定的智力分析特点，工作兴趣集中于观察、衡量、评估和研究，并且能够运用相应的专业技能解决问题，使调研型职业性格在很大程度上适合于知识和理论的应用转化研究及问题的解决，因此，具有调研型职业性格的人才更符合工程型人才类型的范畴；对于社会型和企业型两种职业性格而言，其不同点在于关注的职业领域不同，社会型更注重社会性事务问题的处理，而企业型则关注生产经营具体问题的解决，两种职业性格均需要具备相应的专业知识和理论、拥有一定的技术技能，能够解决社会工作或生产经营一线的实际问题，这与技术技能型人才的特征属性更为符合，因此，可将具有社会型和企业型职业性格的人才归属为技术技能型人才；常规型职业性格和实际型职业性格所关注的职业类型不同，实际型职业性格更偏重于对工具和机械的使用，而常规型职业性格则强调遵守工作流程和规定，更偏向于较少借助机械和工具的工作，但是这两种职业性格所涉及的职业均需要一定的专业操作技能，强调工作人员的动手能力，因此，可认为常规型和实际型的职业性格人才更符合技能型人才的属性特征。

表1-1　霍兰德职业性格理论人才分类表

类型	特征	职业	人才分类
艺术型	不善于实际的事务性工作，具有较强创造力	艺术家、基础理论研究人员	学术型人才
调研型	具备智力或分析才能，并将其运用于观察、估测、衡量，能够解决问题，并具备相应的专业能力	工程师、软件和硬件设计人员、医生、系统分析员	工程型人才
社会型	具有一定的技术技能和相应的专业知识，并能根据生产经营活动实践状况解决问题	教育行政人员、咨询人员、公共事务人员	技术技能型人才
企业型	具有所从事行业的专业知识和相应技能，而且具备一定的规划、计划和领导能力，能够处理生产经营过程中较为复杂的问题	项目经理、营销管理人员	
常规型	遵守规章制度，喜欢按照已有的规定和操作规程进行工作，喜欢按计划办事，习惯接受他人的指挥和领导	办事员、图书馆管理员、出纳员、打字员	技能型人才
实际型	喜欢使用工具、机器并需要基本操作技能的工作。对要求具备机械方面才能、体力或从事与物件、机器等相关职业有兴趣，并具备相应能力	机械装配人员、制图人员、机械修理人员	

1.2.1.3　社会分工理论视角

早在公元前400年左右，古希腊哲学家柏拉图[28]就对社会分工思想进行了论述。他认为："每个人只能干一种行业而不能干多种行业。如果他什么都干，结果将一事无成。"而亚当·斯密[29]则在其著作《国富论》中对社会分工进行了更为深入的探讨。他认为：个人的知识储备和技术技能差异使不同的个体在不同的行业、职业和领域中发挥出不同的作用。正是由于个体所具备的知识、技术和能力的差异，才产生了不同的社会分工。马克思[30-31]则认为，社会分工是生产力发展的表现和结果。社会分工是生产资料和社会劳动在不同领域和不同部门之间的一种划分，是以生产工具、劳动对象和产品为标志的一种分配形式。分工是对人力的巧妙运用，只要有人类社会存在就会有生产实践活动，认识世界和改造世界则是生产实践活动的两大基本内容。随着人们认识世界和改造世界的生产实践活动不断细化，形成了不同的职业类型，而不同的职业类型则对相应的从业者提出了知识、技术和能力上的不同要求，形成了不同的人才需求类型。

人类认识世界的主要目的不仅是解释世界，更要改造世界。对于认识世界的人类活动而言，其主要目的是探究相关的规律和理论，认知相应的基本原理和知识，需要研究型、学术型人才从事相关领域的工作。在从认识世界向改造世界的人类活动变化的过程中，解释世界是指人类在认知和掌握了相关规律和原理后，借助相应的工具，对相关知识和理论进行解释和转化，使其成为现实生产力，注重相应人才的知识转化和应用能力，要求从业者不仅具备扎实的理论知识基础，还要具有一定的实践操作能力。改造世界则是具体的生产实践活动，涉及对相应生产工具的使用、具体操作内容及流程的规定，更注重相关人才的实践动手能力。

由上述分析可以看出，无论是职业带理论、霍兰德职业性格理论还是社会分工理论，都揭示了社会劳动中不同职业类型的存在，而不同职业类型则要求从业者具备相应的知识、技术和能力，进而产生了不同的人才需求类型，即研究型人才和应用型人才。研究型人才主要进行基础理论和客观规律的探究和发现，而应用型人才则主要致力于解释世界和改造世界，关注实践能力和知识应用能力。同时，根据解释世界和改造世界过程中社会活动性质的不同，应用型人才又可以分为工程型人才、技术型人才、技术技能型人才和技能型人才。对不同类型的应用型人才知识、理论、技术和技能的要求各不相同，以满足不同领域、不同层次的社会经济发展对相应人才的需求。

1.2.2 《国际教育分类标准》

《国际教育分类标准》是教育分类、人才培养体系建设的重要依据。1976年，联合国教科文组织为了便于搜集和整理教育统计资料而对教育类型进行了划分，1997年、2011年又先后对《国际教育分类标准》进行了两次修订，使该标准和分类法能够更好地反映世界各地教育的发展实际及发展趋势。2011年修订后的《国际教育分类标准》得到了世界范围内的广泛认可。2011版《国际教育分类标准》对于编码体系的规定和不同教育类型的衔接，为我国现代本科职业教育内涵的明确提供了重要的参考与借鉴。

在编码体系方面，《国际教育分类标准（2011）》采用10级三位数字编码表示、两套并行的等级编码体系来反映课程等级和受教育程度，即教育课程等级编码（ISCED-P）和受教育程度等级编码（ISCED-A）。三位数字编码中的第一位数字表示等级，其具体含义如表1-2所示。

表1-2　《国际教育分类标准》编码体系表：第一位数字——等级

编码	0	1	2	3	4
ISCED-P	早期儿童教育	初等	初级中等	高级中等	中等后非高等
ISCED-A	低于初等	初等	初级中等	高级中等	中等后非高等
编码	5	6	7	8	9
ISCED-P	短线高等	学士或同等	硕士或同等	博士或同等	未分类
ISCED-A	短线高等	学士或同等	硕士或同等	博士或同等	未分类

第二位数字表示类型，例如"4"代表"普通或学术"、5代表"职业或专业"。第三位数字表示课程的完成程度和衔接情况，从而能够体现出教育体系中不同层次教育之间的衔接状况，具体如表1-3所示。

表1-3　《国际教育分类标准》编码体系表：第三位数字——子类别

编码	ISCED-P	ISCED-A
0	未定义	未定义
1	完成认可的课程，不够 ISCED 等级完成或部分完成，不直接通向 ISCED 更高级课程	未使用
2	完成认可的课程，足够 ISCED 等级部分完成，但不直接通向 ISCED 更高等级课程	部分等级完成—不直接通向 ISCED 更高级课程
3	完成认可的课程，足够 ISCED 等级完成，但不直接通向 ISCED 更高等级课程	等级完成—不直接通向 ISCED 更高级课程
4	完成认可的课程，足够 ISCED 等级完成并直接通向 ISCED 更高等级课程	等级完成—直接通向 ISED 更高等级课程
5	第一学位/资格证书课程—学士或同等（3~4 年）	未使用

表1-3（续）

编码	ISCED-P	ISCED-A
6	长线第一学位/资格证书课程—学士或硕士或同等课程	未使用
7	第二或其他学位/资格证书课程—完成一个学士或同等课程	未使用
8	第二或其他学位/资格证书课程—完成一个硕士或同等课程	未使用
9	未分类	未分类

在《国际教育分类标准（2011）》中，通过课程间的衔接和受教育等级的界定，从中等教育开始，界定了两类不同的教育类型即普通教育和职业教育，并分别构建了基于这两种教育类型的教育体系，如图1-2所示。

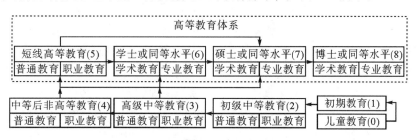

图1-2 《国际教育分类标准》教育体系

在《国际教育分类标准（2011）》中，对中等教育（3、4级）而言，虽然进行了普通教育和职业教育的区分，但是并没有明确规定完成这两级教育后学生的高等教育方向，即如果有升学意愿，对于完成3级或4级教育课程的学生可以进行普通高等教育和职业高等教育的选择。而高等教育则包含短线高等教育、学士或同等水平，硕士或同等水平、博士或同等水平，在6、7、8级教育中，术语"学术"和"专业"替代了"普通"和"职业"。尽管《国际教育分类标准（2011）》没有明确界定"学术"和"专业"两个术语的定义，但是从教育的连续性考量，专业的基本内涵应注重于职业人才的培养和教育，是职业教育的进一步延续和深化，具有较为明显的职业教育属性。由此可以看出，《国际教育分类标准（2011）》对于高等教育构建了较为明确的普通教育和职业教育两个并行体系，且二者互通。值得指出的是，《国际教育分类标准（2011）》明确了职业教育是一种教育类型，指出学士层面即本科层面的高等职业教育是与普通高等教育并行的教育类型，同时认为职业教育可以达到硕士甚至博士等更高层次，从而为高等职业教育架构了一个较为完善的上下贯通、普职融通的体系结构。这种体系结构为我国职业教育体系的完善、本科层次的高等职业教育发展提供了有力的理论支持。

1.2.3 我国高等职业教育发展实践

我国真正意义上的高等职业教育发展起点，是 1980 年我国第一所职业大学——金陵职业大学的建立，标志着我国现代高等职业教育进入了探索发展的时期。此后国家又出台了一系列文件来推动和促进高等职业教育的发展。1996年颁布的《中华人民共和国职业教育法》指出高等职业教育是我国职业教育体系的重要构成部分；2001 年，《关于加强高职高专教育人才培养工作的意见》则明确了高等职业教育中专科人才培养的内涵和目标；2005 年，《国务院关于大力发展职业教育的决定》进一步促进了我国高等职业教育的发展，迎来了我国高等职业教育规模化发展时期，该阶段高等职业教育发展迅速，也拉开了我国高等职业教育发展变革的序幕。在高等职业教育快速发展的同时，我国职业教育体系不完整，职业教育人才培养"断头路"现象极大地制约了我国职业教育的发展，也制约了技术技能型人才对社会经济发展人才需求的保障力度。2010 年，《国家中长期教育改革和发展规划纲要（2010—2020 年）》出台，指出高等职业教育在教育体系中的重要作用和对国民经济发展的重要支撑。此后不少学者均对我国现代职业教育体系的建设进行了讨论和分析，对举办本科层次的职业教育进行了探究和论证。《国务院关于加快发展现代职业教育的决定》《现代职业教育体系建设规划（2014—2020 年）》两个文件在制度层面，明确了本科层次职业教育的类型和地位，明确其为高层次应用型人才培养的重要构成部分，要引导一批本科院校向应用技术型转型，接续职业教育的断层，完善职业教育体系，形成具有中国特色的高等职业教育体系，使职业教育能够真正成为与普通教育并行的教育类型。

在《现代职业教育体系建设规划（2014—2020 年）》中，描绘了教育体系的基本框架，如图 1-3 所示，明确了现代职业教育中高等职业教育层次的构成要素，同时也确认了高等职业教育中本科层次人才培养的重要性和必要性。职业教育体系是一个完整的、与普通教育体系并行的人才培养系统。在普通教育体系中，高等教育由普通本科教育和研究生教育构成，而在职业教育系统中，高等职业教育则由高等职业专科教育、应用技术本科教育、专业学位研究生教育构成。

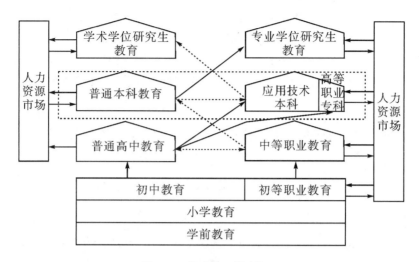

图 1-3　教育体系基本框架

资料来源：摘自《现代职业教育体系建设规划（2014—2020 年）》。

根据人才分类理论的分析，结合国际教育标准分类法，从我国高等职业教育发展的实际出发，高等职业教育人才类型和人才培养类型以及办学层次的对应关系如图 1-4 所示。

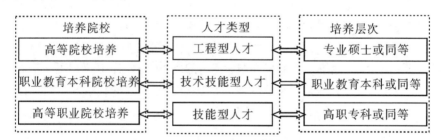

图 1-4　高等职业教育人才培养类型及办学层次对应示意图

在图 1-4 中，工程型人才不仅需要掌握一定的实践技能，更需要扎实的理论基础和对专业领域知识的深刻认知，需要专业硕士层次的教育类型进行相应人才培养，但也不排除办学水平和实力较高的本科层次院校进行该类型人才的培养。同样，技术技能型人才不仅需要扎实的基本知识和专业理论基础，还要求有较高的实践操作技能，这正是本科层次的高等职业教育人才培养的主体。对于技能型人才，则主要是实践操作能力和专业技能要求，在高等职业教育体系中，主要由高等职业院校进行相应的人才培养，其培养层次属于专科层次。

通过从不同角度、不同层面对高等职业教育体系及人才培养类型的划分进行探讨，可将现代本科职业教育的内涵界定为：现代本科职业教育是全日制本科学历教育的一种，与普通本科学历教育相对应，旨在培养本科层次的，满足一线生产、经营、服务实践需要的，具有扎实的专业理论知识和较强应用能力的高层次技术技能型人才，具有职业性、应用性、复合性等特征。

1.3 现代职业教育本科人才培养的特征及目标

1.3.1 现代职业教育本科人才培养的特征

1.3.1.1 职业性

现代职业教育本科人才培养属于职业教育范畴，而职业教育就其本质而言是实施可从事某种职业或生产劳动所必需的职业知识、技能和职业道德的教育。因此，现代职业教育本科人才培养的职业性特征，首先就是所培养的人才是与市场、产业和职业岗位的人才需求相适应的，与社会经济发展实际需求相匹配的；其次，就人才培养的定位而言，与学术性本科人才培养不同，现代本科职业教育的根本目的是培养服务于生产实践一线的高层次技术技能型人才，是职业教育与社会经济发展高度契合的表现。因此，现代职业教育本科人才培养在理论知识学习、技术技能训练、职业素质养成等方面，都需要以一定的产业、职业背景为基础，对相应的职业规范和岗位标准进行分析，注重应用型知识和理论的学习，注重实践技能和职业能力的培养和训练，让学生更易于进入相应的行业、职业就业，同时由于本科层次教育所要求的扎实的基础理论知识，使学生能够具备更强的职业发展潜力。

1.3.1.2 本科性

本科性是现代职业教育本科人才培养的重要根本属性之一，规定了人才培养的定位和层次，需要满足我国本科人才培养的相关要求和办学条件，是现代职业教育本科人才培养高层性的根本体现。与高等职业专科教育和中等职业教育不同，现代职业教育本科人才培养更为强调扎实的理论知识基础和底蕴，对生产实践一线的问题能够进行有效的分析和处理，对人才培养的创新能力和职业素质具有更高的要求。同时，需要指出的是，现代职业教育本科人才培养不能脱离职业性而强调本科性，以免偏离职业教育本科人才培养目标，混淆本科职业教育和普通本科教育人才培养的定位。

1.3.1.3 复合性

现代本科职业教育主要是培养面向解决生产实践一线的复杂技术问题或工

程问题的高层次技术技能型人才，与此相适应，其复合性特征主要体现在两个方面：首先是基础知识和技术技能应用的复合。从本科人才培养的内在规定性要求出发，现代本科职业教育所培养的人才需要具有扎实的基础理论知识，从职业教育角度而言，现代职业教育本科人才又需要具备较强的技术技能应用与创新能力，这表明现代职业教育本科人才培养既强调理论知识的学习，同样也重视技术技能的训练与应用，是理论知识学习和技术技能培养的有效统一、有机复合。其次，随着现代科学技术的不断应用，生产实践一线的环境更为复杂，所出现的问题具有更强的综合性和跨学科性，只了解、精通一门专业知识和操作技能的人才，不能有效满足当前生产经营一线对高层次技术技能型人才的能力要求，因此，要求现代本科职业教育在进行人才培养时，需要注意对学生在知识和理论的掌握上进行"一专多知"的培养，在技术技能训练上进行"一精多会"的训练，使现代职业教育本科人才培养具有明显的复合性特征。

1.3.1.4 应用性

现代职业教育本科人才培养的应用性，首先体现在与社会经济发展需求相匹配层面。职业教育作为与社会经济发展需求关系最为密切的教育类型，其人才培养应满足社会经济发展的需求，满足学生顺利就业和良好职业生涯发展的需求。因此，现代职业教育本科人才培养需要将职业、岗位理论知识和操作技能的传授与社会经济发展的需求相结合，与学生的就业和职业发展相结合，使学生在毕业后能够迅速适应职业岗位需求，能够较好地将所学理论知识和技术技能应用于生产实践一线的问题处理、技术革新和运营规划中，为社会经济的快速发展提供高层次应用型人才需求的保障。其次体现在知识、理论和技术技能的应用层面。与普通本科教育的人才培养不同，普通本科教育强调受教育者知识、理论的基础性和扎实性，注重对新事物、新理论、新知识的探索和发现，而现代职业教育本科人才培养，既强调基础理论知识的扎实，也注重实践技能的训练，其根本目的是培养学生对所学知识、理论和技能的实践应用能力，实现对生产实践一线问题的有效解决。

1.3.2 现代职业教育本科人才培养的目标

人才培养目标是指依据教育目的和各级各类学校的性质、任务提出的具体培养要求[32]。现代职业教育本科人才培养作为我国职业教育体系的构成部分，其人才培养目标受到当前社会经济发展和科学技术应用的影响，需要符合受教育者的成长规律，这决定了人才的培养类型和培养层次，规定了人才的培养内容和培养方向，是现代职业教育本科人才培养的基本遵循。

1.3.2.1 确定人才培养目标的原则

(1) 适应性原则

现代职业教育本科人才培养目标的确定必须遵循适应性原则。首先，现代职业教育本科人才培养目标必须与社会经济发展、产业升级优化所要求的人才类型和层次相适应，注重生产经营实践一线的相关知识、理论、技术、技能的传授和训练，能够根据市场、行业、职业的发展变化动态调整人才培养目标。其次，现代职业教育本科人才培养目标的确定，需要与人才培养主体，即学校、专业的实际状况相适应，需要结合学校的发展定位、师资状况、设施设备基础、实践基地条件，根据产业领域所涵盖的职业群、岗位群特征，确定现代职业教育本科人才培养目标。

(2) 应用性原则

作为人才培养的基本遵循标准，人才培养目标需要突出现代职业教育本科人才培养的应用性特点，需要对所培养人才的行业特征、职业标准、岗位要求等方面进行深入、系统的分析，将行业发展趋势和职业岗位标准融入人才培养目标方案中，保证人才培养过程中扎实理论知识素养和良好技术技能以及实践操作能力的培养。

(3) 人本性原则

人的全面发展是现代教育体系人才培养的共同追求，人本性原则是现代本科职业教育在确定人才培养目标时，受教育者个体全面发展诉求的根本体现。现代职业教育本科人才培养需要以人为本，关注学生的全面发展，以马克思主义中人的全面发展理念为基础，在注重学生知识学习、技能训练的同时还要关注学生职业发展潜力和道德品质的培养。

(4) 特色性原则

现代职业教育本科人才培养目标确定的特色性原则主要体现在以下三个方面：在区域经济发展特色方面，现代职业教育本科人才培养需要与区域经济发展的实际相适应，在人才培养目标中体现区域经济发展的特征，不仅能够保证人才培养与区域经济发展的人才需求相匹配，也能够促进学生就业，使学生能够更顺利地进入工作岗位；在学校办学特色方面，应充分发挥学校的人才培养优势，注重某一行业、突出职业特征，在保证学校办学特色的同时，也能够体现人才培养的优势所在；在个性化发展特色方面，现代职业教育本科人才培养强调对学生培养的因材施教，关注学生个体的区别，引导学生充分发挥自身的特长，激发学生对产业、职业相关理论知识和技术技能的学习兴趣，保证学生具备扎实的理论知识以及熟练的操作技能。

1.3.2.2　人才培养目标分析

人才培养目标是现代职业教育本科人才培养对受教育者最终的培养质量和规范的要求及标准，是对所培养的人才在知识、能力、素质等方面要求的细化。根据现代本科职业教育的内涵，结合人才培养的内在规律，现代职业教育本科人才培养目标主要包含以下四个要素：

（1）知识目标

现代职业教育本科人才培养要求学生具有本科层次的较为扎实的基础理论知识，因此，知识目标是其人才培养目标的重要构成要素，是衡量人才培养质量的重要指标之一。对于现代职业教育本科人才培养的知识构成而言，通常可以将其划分为两大类，即通识性知识目标和专业性知识目标。通识性知识目标主要是指受教育者对科学基础知识、社会人文知识、思想道德相关知识的学习和掌握，这类知识是现代职业教育本科人才培养的理论知识基础内容，也是人才培养中知识目标的基本关注点；专业性知识目标是对受教育者专业知识、工程技术知识、技能操作知识的掌握和要求，这部分知识掌握的扎实程度对现代职业教育本科人才培养的质量具有重要影响。知识目标是现代职业教育本科层次人才培养区别于高等职业教育专科人才培养的重要标志，因此，现代职业教育本科人才培养的知识目标应是具有较高水平的通识性知识和专业性知识的学习标准和要求，以体现现代职业教育本科层次人才培养的高层次性。

（2）能力目标

现代职业教育本科人才培养的能力目标主要包含三个方面，即职业核心能力目标、专业实践能力目标、创新能力目标。职业核心能力是指跨行业的，在生活、工作中所必须具备的能力，如团队合作能力、沟通能力、学习能力、信息处理能力等，人才培养目标应明确现代职业教育本科人才培养应达到的职业核心能力规格和要求。专业实践能力则是指与产业对接的职业群、岗位群所要求的某一专业领域的技术技能，专业实践能力的培养目标体现了现代职业教育本科人才培养对动手操作能力和技术技能实践操作能力的规格性要求及标准。创新能力则是职业教育本科人才培养区别于高等职业教育专科人才培养的重要标志，现代本科职业教育所培养的人才应具备生产实践一线相关技术技能、操作工艺、管理流程等方面的革新、创新能力，因此，需要在能力培养目标中明确创新能力的规格要求，体现职业教育本科人才培养的创新能力需求。

（3）素质目标

素质目标是指现代本科职业教育对于受教育者的思想道德修养、职业素质以及身心素质等方面的规格要求。其中，思想道德修养要求学生具备一定的政治理论基础，树立正确的人生观、价值观和世界观，正确认识个人价值及其实现的目标和途径；职业素质则要求学生具备相应的职业道德和技能素质，如良好的敬业精神、职业情操、对职业准则有一定的了解和认知等；身心素质则涵盖健康的身体、健全的人格以及积极、乐观的生活工作心理。素质目标的明确，有利于学生快速适应职业岗位，促进其职业生涯发展潜力的提高。

（4）职业目标

现代职业教育的发展需要与社会经济发展人才需求的实际相适应。现代职业教育本科人才培养，需要根据区域经济发展特征，深入分析相关产业、行业、职业从业人才所需的相应标准和要求，并将其体现于人才培养的目标之中。具体而言，人才培养目标中应体现出具有相关产业、行业、职业的重要特征，如掌握相应产业、行业、职业的基础理论知识、岗位操作技能和实践应用技术等。明确现代职业教育本科人才培养目标中的职业方向和职业标准，不仅能确保现代职业教育本科人才培养的应用性特征，同时也能够使受教育者清楚自身的学习目的和毕业后的职业生涯发展方向，激发学生的学习积极性。

2 现代职业教育本科人才培养现状及特点分析

2.1 现代本科职业教育发展现状

早在 2002 年，就有学者[33-34]对我国高等职业教育发展本科层次人才培养事业进行了探讨，此后不断有学者就现代职业教育本科人才培养的不同方面进行了分析和论述，如潘美俊等[35]针对具体的专业就高职本科人才培养的教育教学内容进行分析，并提出改革对策；程忠国等[36]则对高职本科发展的起因、人才培养特点和人才培养模式等方面进行了论述；俞建伟[37]通过梳理国外发达国家高职本科的发展过程，指出我国发展本科职业教育的必要性和紧迫性。在理论探讨的同时，有关现代本科职业教育的组织机构也相应成立，进一步促进了现代本科职业教育的快速发展。如中国高等职业技术教育研究会应用性本科教育工作委员会（2006 年）、全国应用技术人学（学院）联盟（2013 年）等机构的成立，旨在促进现代本科职业教育的不断发展和完善。随着我国高等教育发展过程中职业教育"断头路"、应用型人才培养不足、高等教育结构性失衡、大学生就业难等矛盾的凸显，发展现代本科职业教育的紧迫性愈发强烈。《现代职业教育体系建设规划（2014—2020 年）》《国务院关于加快发展现代职业教育的决定》等文件的出台，明确了发展现代本科职业教育，解决职业教育"断头路"，完善我国现代职业教育体系的职业教育发展理念。这标志着本科层次的现代职业教育已从零星的探索发展到被正式纳入高等教育发展体系当中，并且成为中国特色职业教育体系的重要构成部分，拉开了我国现代职业教育本科人才培养实践探索的序幕。当前我国本科职业教育的发展主要有两种方式，一是引导地方本科院校向现代职业教育本科人才培养转型，二是引导高等职业教育专科院校探索发展现代职业教育本科层次。

2.1.1 地方普通本科院校转型发展情况

转型发展情况主要是指现有的地方本科院校转型为应用技术型高校，进行职业教育本科人才培养的探索。2014年3月，在中国高层发展论坛上，时任教育部副部长鲁昕指出1999年后专科升入本科的地方本科院校应转型为应用技术型大学，涉及院校数目达到633所（其中专升本高校221所，民办高校含独立学院412所）。2014—2019年转型发展经历了6年，其发展特征可以从宏观和微观两个层面进行分析。

2.1.1.1 宏观层面

宏观层面主要是指国家和各级地方政府为促进现有地方本科院校转型发展而出台的相应政策和有关制度，属于地方高校转型发展的宏观规划管理。

（1）国家层面。国家层面对于促进现代职业教育本科人才培养的作用主要体现为相关制度、规划、文件的制定以及不同层次会议精神的落实和保障。通过梳理，可以发现对于现代职业教育本科人才培养的制度可以分为两个阶段，即现代职业教育发展的促进阶段和现代职业教育本科人才培养的确定阶段。从时间上划分，可以认为2014年前出台的相关职业教育的制度、规划和文件，有利于我国职业教育快速发展，为我国本科层次现代职业教育人才培养奠定了坚实的基础。2014年后，国家出台了多个相应的制度、文件，则为现代职业教育本科人才培养提供了有力的制度保障。相关文件如表2-1所示。

表2-1 国家层面本科层次现代职业教育主要文件汇总

序号	文件名称	年份
1	《国务院关于加快发展现代职业教育的决定》	2014
2	《现代职业教育体系建设规划（2014—2020年）》	2014
3	《关于引导部分地方普通本科高校向应用型转变的指导意见》	2015
4	《国务院办公厅关于深化产教融合的若干意见》	2017
5	《国务院关于印发国家职业教育改革实施方案的通知》	2019

从表2-1可以看出，国家层面在2014—2019年不断出台相应的政策文件，以促进现有地方高校向应用技术型高校转型发展，以满足我国社会经济发展对高水平技术技能型人才的需求。《关于引导部分地方普通本科高校向应用型转变的指导意见》是国家层面出台的地方普通高校应用技术型转变的专门性文件，该文件指出地方普通高校转型需要明确应用技术型的类型定位和培养技

技能型人才的职责使命。《国务院办公厅关于深化产教融合的若干意见》则是国家层面对应用能力培养提升所出台的相关措施文件，强调产教融合、校企合作是普通地方高校转型发展的重要突破口，推动产教协同育人和师资培养，保证现代职业教育本科人才培养的质量。《国务院关于印发国家职业教育改革实施方案的通知》则再次强调普通地方本科高校向应用技术型转型发展，并且提出到2022年，建设50所高水平高等职业本科学校和150个骨干专业（群）。由此可以看出，在顶层设计方面，国家从地方普通本科高校发展的角度、现代职业教育体系改革完善的角度、产教融合人才培养的角度，出台鼓励地方普通本科院校向应用技术型高校转变的政策和制度，已经形成了关于地方普通本科院校转型发展的政策体系，从多个方面促进地方普通高等院校的转型发展。对于相关文件和制度的部署与实施，国家也从多个层面进行推进和监督，如李克强总理在2015年政府工作报告中指出，将引导部分地方普通本科高校向应用技术型转变，使本科层次的现代职业教育探索和发展成为国家层面在职业教育领域的重要关注点。

（2）地方政府层面。根据国家所出台的相关政策和法规，不少地方政府相继出台地方普通本科高校转型发展的制度和规划。截至2016年10月底，全国共有23个省级行政单位教育部门公布了相关的转型试点名单，涉及高校约255所，具体如表2-2所示。虽然部分省级行政单位没有给出具体的试点名单，但是也出台了相应的地方普通本科高校应用技术型转变的实施方案，如天津市、山东省等。

表2-2　省级行政单位应用技术型高校转型统计表

地区	数量	地区	数量	地区	数量
浙江	41	宁夏	6	湖北	18
吉林	9	贵州	5	福建	18
辽宁	10	海南	2~3	上海	16
河北	10	四川	4	重庆	6
安徽	5~8	云南	4	湖南	2
江西	10	陕西	14	山西	6
河南	15	甘肃	8	内蒙古	9
广西	19	广东	14	—	—

资料来源：以上数据来自各省级行政单位教育部门相关文件。

从上述分析可以看出，无论是国家层面还是地方政府层面，都给予了地方普通本科高校向应用技术型高校转型相应的政策支持，激励和引导地方普通本科高校的转型发展，以突出地方高校的特色，不断提高人才培养质量，为地方社会经济发展提供应用技术型人才保障。

需要指出的是，2017—2019 年，地方政府对高校转型的制度安排不多，除了第一批试点院校外，没有后续的转型院校，同时也没有公布转型的具体成效。另外，北京、江苏、黑龙江、青海、西藏、新疆等地方政府至今没有出台专门针对地方本科院校转型发展的相关制度性文件。由此可见，2017—2019年三年来，在地方宏观管理层面，地方普通本科高校的转型进展缓慢。

2.1.1.2 微观层面

微观层面主要是指高校和企业等对于地方普通本科院校转型发展的认知和举措。高校作为现代职业教育本科人才培养的主体，对于地方普通本科高校向应用技术型转变成功与否具有决定性的作用，而企业作为应用技术型人才培养的重要参与者，则对地方普通本科高校的转型发展具有重要影响。

（1）学校方面的转型现状

对于学校方面的转型实践，截至 2018 年 12 月底，共有 9 所学校将其学校名称改为应用技术（科技）大学（学院），以凸显应用技术型人才培养的特征，9所高校名单如表 2-3 所示。9 所高校中，2014 年确定为应用技术（科技）大学（学院）的有 5 所，2015 年有 3 所高校，其中 2 所为新成立大学，2016 年则仅有 1 所。在这 9 所高校中，转型高校为 3 所，高等职业教育专科院校举办本科人才培养的高校 4 所，而鄂尔多斯应用技术学院和滇西应用技术大学为新办高校。

表 2-3　2014—2018 年 9 所应用技术（科技）大学（学院）名单

序号	学校名称	类型	年份
1	江西应用科技学院	专科举办本科人才培养	2014
2	山西应用科技学院	专科举办本科人才培养	2014
3	湖南应用技术学院	专科举办本科人才培养	2014
4	郑州工业应用技术学院	转型	2014
5	贵州工程应用技术学院	转型	2014
6	天津中德应用技术大学	专科举办本科人才培养	2015
7	鄂尔多斯应用技术学院	新成立	2015
8	滇西应用技术大学	新成立	2015
9	上海应用技术大学	转型	2016

由此可见，学校层面对于应用型人才培养的转型积极性不高，转型高校数量不多。为了进一步了解地方高校转型发展数量较少、动力不足的原因，课题组通过参加应用技术大学（学院）联盟"产教融合发展战略国际论坛"、应用技术大学（学院）联盟专业协作会等会议，对一些学校的转型发展进行了访谈和了解，访谈的学校涉及天津职业技术师范大学、黄淮学院、上海机电学院、重庆科技学院、营口理工学院、武汉商学院6所高校。这6所高校均是地方普通本科院校，且都有较强的参与转型的意愿。所选学校的类型主要涉及理工、师范、文经类高校及综合性高校，学校所处地域则涉及我国东部地区、中部地区、西部地区，因此，对这几所学校的访谈所得到的信息具有一定的代表性。访谈对象主要是参会的相关人员，涉及各学校管理人员和具有丰富教学经验的教师。具体的访谈提纲见附录1。我们发现在学校层面，地方高校对于转型发展具有以下一些认识：

①管理人员对于转型的认知

管理人员是学校转型发展中各项措施的制定者和执行者。由于6所学校的办学特色不同，所涉及人才培养的职业领域也有较大差距，因此，对6所学校相关管理人员的访谈进行归纳提炼，总结为四个方面：

A. 办学理念和办学思路方面。访谈的6所高校都认识到应用技术型人才培养的重要性和必要性，特别是近三年来，学校都采取了不同的措施推进学校的转型发展，如专业结构调整、加强高校转型的宣传、突出学校服务地方经济发展的特色等，但是在转型过程中都存在一些问题，首先是思想认识方面。受到传统观念的影响，有些人认为应用技术型转型就是本科院校变成了职业院校，是高职的升级版，降低了学校的办学层次，心理上有一定的抵触，同时由于以往的学术型高校办学模式，使现有地方普通本科院校向应用技术型转变必然有一个过程，而转型能否切实为学校带来好的改变，还不得而知，因此缺乏转型的根本动力。其次是办学理念和思路固化。这些管理人员还是以往学术型高校的办学思路，没有从根本上进行革新和调整，虽然认为转型具有必要性，但是对转型后应用技术型高校的定位和转型目标的认知比较模糊，怎么转、转到什么程度，都没有具体的概念，导致部分高校在转型中行动迟缓，形成转型口号比较响、转型动作比较小的问题，从而极大地影响了地方普通本科高校转型发展的成效。

B. 专业设置和学科结构方面。专业的构成情况是现代职业教育本科院校应用技术性特征的主要标志。当前虽然转型高校都在调整专业结构，调整专业方向，使之与地方经济发展相适应，但是，受到学校以往办学模式、专业设置模式的影响，专业的结构还不尽合理，没有完全按照应用技术型人才培养的要求进行设置与调整。国家层面对于本科院校的专业设置并没有区分应用型和学术型，而以往的专业设置相关文件都是以学科结构为依据、以学术型高校办学模式而制定的，因此，极大地影响了应用技术性专业设置和调整的比例。同时，一些学校在专业设置之初就是照搬学术型高校的专业设置，使学校专业设置没有体现出应用技术型特征，没有突出为地方经济发展服务的特点，导致了学校的专业设置不合理、应用性不突出、服务地方经济发展能力弱等问题。

C. 师资队伍方面。随着高等教育大众化的发展，高校师资队伍呈现出高学历化趋势。调查 6 所高校的人才招聘计划后发现，2019 年 6 所高校的人才招聘中除了营口理工学院和实验室岗位外，其余 5 所学校 90% 的教师岗位均要求具有博士学位，且没有实践经验限制。而营口理工学院的招聘计划中，虽然对学位的要求有所降低，但是对所招聘的人才却明确指出其毕业院校的学科评估层次限制，因此，6 所学校在师资队伍建设上还是注重学术研究型人才的引进，对应用技术型人才的引进考虑较少。

D. 管理体制方面。当前地方普通本科高校的办学自主权不大，地方普通本科高校多为地方财政拨款办学，造成与高校办学效益关系紧密的企业、科研院所等主体缺乏参与高校管理的机制和途径，无法形成高校的多元化治理发展的结构。同时，地方普通本科院校由于地方属性限制，往往得到国家层面的拨款及项目较少，而地方政府财政有限，高校自身吸收社会和企业资助的能力不足，使地方普通本科高校的转型发展受到资金、资源等多方面的制约和影响。

②教师对于转型的认知

教师作为学校人才培养的主要责任者，是现代职业教育本科人才培养的关键要素，教师对于地方普通本科院校转型发展的认识，会极大地影响地方普通本科院校的转型发展成效，影响人才培养的质量。在对 6 所学校的相关专业教师进行访谈后，我们发现虽然所访谈的教师来自不同的学校、不同的专业，但是对于一些转型中存在的问题具有基本一致的认知和观点。总结如下：

A. 转型发展方面。首先，6 所高校的教师对于转型发展的重要性和必要性都较为了解，认为学校的应用技术型转变有利于学校的发展，但是也有部分教师认为应用技术型转变是高职化的本科，可能影响到办学层次。其次，教师均对现代职业教育本科人才培养持肯定态度，认为地方普通本科院校应该抓住为地方社会经济发展服务的主旨，培养相应的应用技术型人才，在支持地方经济发展的同时，促进学生的就业和职业生涯发展。但是也有一些教师对应用技术型高校的内涵、培养目标和专业结构等方面了解不够深入，对高校向应用技术型转变发展的路径和规划了解不深入。

B. 课程设置方面。6 所学校教师均认为，近年来随着地方普通院校的转型发展，课程的设置也有所变化，学校在人才培养方案调整过程中，要求加大实践课程的比例，对相应理论课程的实践内容课时比例进行下限规定，要求实践学时需要满足一定的学时要求，同时要求开设的专业课程需要考虑地方社会经济发展的需求，调整一些老旧课程，开设符合产业部门最新发展需求的新课，课程的设置逐渐向应用技术型高校转变。访谈中也了解到课程开设方面的一些问题和不足，如应用技术性课程所涉及的教材不足，有的课程没有相应的应用性教材，有的课程虽然有相应的教材，但是教材质量低劣。此外，对课程的改革力度还有所不足。受到传统课程设置的影响，专业人才培养的课程架构依旧是基于学科和学术性的，部分课程的调整还不能满足应用技术型高校人才培养目标的要求。

C. 教学能力提升方面。受访教师均认为有必要进行实践能力的提升。目前，大部分老师的课程还是以理论讲授为主，教师的实践能力不强，学校由于资金、渠道、保障机制等条件的限制，没有系统的教师应用能力提升计划和措施，使教师对生产实践一线的情况了解不够深刻，实践能力弱化。同时，对于教师能力提升，学校层面大多注重教师的学历提升，没有注意到教师实践能力提升的问题。教师的学历提升有相应的补贴，而到企业所进行的实践能力锻炼，则没有相应的政策保障机制，使教师参与实践性能力提升活动的积极性较低。

D. 教师评价方面。在访谈中，受访教师均认为所在学校的教师评价机制科学性不足。教师的评价通常包含两个方面，即学生的评价和学校的评价。学生的评价主要集中于教师的授课情况，而目前对于教师授课情况的评价，其评价指标中没有体现出应用技术型本科人才培养的内容，多是有一两道题目，对教师课程中的整体讲解情况进行了解和评价。对于学校评价，通常包括日常的考评和职称的评定。从受访教师反馈的情况来看，多数学校的日常考评和职称评定都没有考虑转型发展这一实际，评价指标体系依然是学术性评价指标体系，主要考评教师的论文、专著、科研项目等学术成果的数量和质量，对现代职业教育本科人才培养的衡量指标缺失。这种评价导向让教师将有限的精力主要用于项目申请、论文撰写和发表等方面，导致人才培养质量不高等问题。

（2）企业方面对于转型的理解和认知

企业作为人才的主要需求方，也是人才培养的重要参与方，通过认知和参与地方普通本科院校的转型发展，能够帮助学校进一步明确现代职业教育本科人才培养的标准和成效，因此，我们通过对参加"产教融合发展战略国际论坛"的与会企业进行访谈，了解企业层面对于地方普通本科高校转型的认识和参与意愿状况。企业层面对地方普通本科高校的转型发展都表示肯定，认为地方普通本科高校的转型发展有利于企业的人才储备，有利于企业的技术技能创新，促进企业的进一步发展和提升。但是，很多企业也提出了地方普通本科高校转型发展过程中所涉及企业的一些共性问题。首先，地方普通本科高校转型发展在行业、企业中的宣传力度不足。转型发展只是在教育领域宣传较多，而企业层面的宣传较少，一些企业对于地方哪些本科高校是转型高校并不清楚和了解，对现代职业教育本科人才培养了解不够深刻。其次，企业参与地方普通本科高校转型发展的途径有待进一步拓展。高校和企业人才培养的深层次合作较少或缺失，多集中于学生实习一条途径，学校和企业深层次的项目合作、实训基地的建设、订单式人才培养等合作模式较少。最后，缺乏相应的体制和机制保障，影响了企业参与地方普通本科高校转型发展的计划性和长效性。

2.1.2 现代职业教育本科人才培养试点发展情况分析

在现有高等职业专科院校中，选拔办学成效良好的院校进行本科层次的人才培养，是发展现代本科职业教育的另一条有效途径。2014—2015 年，教育部先后批准江西城市职业学院、山西兴华职业学院、湖南同德职业学院、天津中德职业技术学院分别更名为江西应用科技学院、山西应用科技学院、湖南应用技术学院、天津中德应用技术大学，明确了 4 所高校开展本科层次现代职业教育人才培养的任务。2019 年，教育部批复了全国首批 15 所职业本科试点院校，具体名单如表 2-4 所示。截至 2019 年底，全国共 19 所高校以"应用技术（科技）"或"职业技术"命名，成为我国《国家职业教育改革实施方案》实施后的首批本科职业教育试点院校。因此，对于开展现代职业教育本科人才培养试点的具体情况，可以这 19 所大学作为研究对象进行相应分析。

从应用技术（科技）大学（学院）到职业技术大学，就本科职业教育试点院校办学实际来看，更为强调职业教育属性，2019 年一次性推出 15 所高校试点，也表明了宏观层面职业教育本科人才培养的扩大化趋势。对 2019 年国家批复的 15 所职业技术本科试点院校进行分析后，我们发现，15 所院校集中于我国中部和南部区域，其中山东 3 所，广东、江西和陕西均为 2 所，其余为 1 所，所涉及地域多是有一定的职业教育基础、生源数量较多的地域。

表 2-4　国家 15 所职业技术本科试点院校名单

学校	地域	学校	地域	学校	地域
南昌职业大学	江西	河南科技职业大学	河南	成都艺术职业大学	四川
江西软件职业技术大学	江西	广州科技职业技术大学	广东	广东工商职业技术大学	广东
山东外国语职业技术大学	山东	广西城市职业技术大学	广西	重庆机电职业技术大学	重庆
山东工程职业技术大学	山东	西安汽车职业技术大学	陕西	海南科技职业技术大学	海南
山东外事职业大学	山东	西安信息职业大学	陕西	泉州职业技术大学	福建

为了更清楚地了解 19 所现代本科职业教育试点院校的人才培养状况，我们将 2014 年明确的应用技术型大学转型的 3 所高校（郑州工业应用技术学院、贵州工程应用技术学院、上海应用技术大学）与 19 所本科职业教育试点高校的学科和专业进行对比，学科专业对比情况如表 2-5 所示。

表 2-5　试点与转型院校学科专业对比表

19 所试点院校			3 所转型院校		
学科	专业数/个	占比/%	学科	专业数/个	占比/%
工学	40	43.48	工学	37	43.53
艺术学	16	17.39	艺术学	11	12.94
管理学	15	16.30	管理学	10	11.76
文学	8	8.70	理学	7	8.24
经济学	4	4.35	文学	5	5.88
农学	4	4.35	医学	4	4.71
医学	2	2.17	农学	4	4.71
教育学	3	3.26	经济学	3	3.53
			教育学	2	2.35
			法学	2	2.35
合计	92	100.00	合计	85	100.00

由表 2-5 可知，现代本科职业教育试点院校涉及的学科数为 8 个学科，专业总数为 92 个，并且集中于工学、艺术学、管理学三个学科，三个学科专业

数量占总专业数量的 77.17%。而 3 所转型高校则涉及 10 个学科共 85 个专业，与 19 所现代本科职业教育试点院校相比，虽然工学、艺术学和管理学同样是专业数量最多的三门学科，但是其所占总专业数量的比重为 68.23%。因此，19 所现代本科职业教育试点院校的专业集中程度更高，与现代制造业发展紧密相关的工学、管理学等学科的专业数量也更集中。需要注意的是，19 所现代本科职业教育试点院校的专业没有涉及理学和法学两门学科。从学科性质来看，理学和法学两门学科的知识性和理论性更强，因此，可以认为 19 所现代本科职业教育试点院校专业设置的应用性、职业性较强，而转型院校由于受到以往办学模式的影响，还存在一些应用性、职业性相对较弱的专业，对这些专业的转型和取舍，还需要一个改革和调整的时间与过程。因此，相对于现代本科职业教育试点院校，转型院校向现代职业教育本科层次转变的过程将较为缓慢。

2.2 现代职业教育本科人才培养现状

对于现代职业教育本科人才培养而言，由于文件（制度）方面并没有明确本科层次职业教育的标准及学校类型，没有明确的地方本科院校转型发展名录，也没有针对现代职业教育本科人才培养的统计数据，因此，本书主要针对 9 所应用技术（科技）大学和 15 所本科职业教育试点院校，共 24 所现代职业教育本科高校的人才培养状况进行分析。根据相关学校本科专业人才培养的实际和教育部发布的《普通高等学校本科专业类教学质量国家标准》，我们将专业和学科进行了匹配，得到试点高校所开设专业涉及的学科情况，从而能够运用相应的学科统计数据来进行分析，以此来探究当前现代职业教育本科人才培养的实际状况。

24 所学校开设本科专业及其对应学科的统计结果如表 2-6 所示。在确定现代职业教育本科人才培养涉及的学科时，为使分析结果更具有代表性、普遍性，可将人才培养涉及的学科界定为：如 24 所学校中有 50% 及以上的学校开设专业涉及某一学科，则该学科作为现代职业教育本科人才培养的统计依据学科。根据表 2-6 的结果，本科层次的现代职业教育涉及学科有工学、管理学、艺术学、文学四个学科，其中文学学科共涉及 12 所学校，但是仅 3 所学校开设汉语言文学、播音与主持专业，有 11 所学校均开设外语类专业，因此，用外语类专业人才培养状况替代文学学科作为统计依据，使该学科人才统计分析结果更为科学合理。值得指出的是，在我国现代制造业发展过程中，金融服务和贸易服务具有不可替代的重要作用。在《中国制造2025》战略中，也有11处提到借助金融服务，促进中国制造业的健康稳定发展，有7处提到加强贸易发展，促进加工贸易、贸易投资、国际贸易的发展，因此，金融服务和国际贸易服务是我国制造业升级发展的重要支撑力量。同时，24所院校中，有7所院校开设经济学、金融工程、金融管理、国际经济与贸易，这4个专业均隶属于经济学学科，因此，可将经济学也纳入本科层次现代职业教育的统计学科。基于上述分析，共确定5个学科涉及本科层次职业教育，即工学、管理学、艺术学、文学（外语）、经济学。

表2-6 24所职业教育本科大学学科、学校数统计表

学科	工学	管理学	艺术学	文学	经济学
学校数	24	24	22	12	7
学科	教育学	医学	农学	理学	法学
学校数	6	5	3	3	2

由于数据的可得性原因，根据本科层次职业教育所涉及的学科数，可采用全国本科院校相应学科的人才培养统计指标作为现代职业教育本科人才培养情况的分析依据，具体涉及相关学科的招生数、毕业生数和在校生数三个指标。

2.2.1 招生数量指标

招生数量能够反映现代职业教育本科人才培养的生源情况和对适龄学生的吸引程度，是本科层次职业教育流入量指标。招生数量的保障是本科层次职业教育发展的基础，在每年均有相应毕业生流出的情况下，招生数量作为职业教育本科人才培养的最重要流入数量指标尤为重要，对保障本科层次职业教育的发展活力和动力具有重要意义。

表2-7反映了2014—2019年相关学科的招生情况，其中艺术学、文学（外语）、工学增长较快。2014—2019年，文学（外语）招生的平均增长率达到3.83%，而工学的招生增长率则为2.70%，保持相对较高的增长率；对制造业发展具有支撑保障作用的管理学、经济学学科则相对增长较慢，特别是管理学类人才招生甚至出现了负增长，说明管理学学科和经济学相关专业相对于工学、文学（外语）和艺术学而言，对高中适龄生源的吸引力不强。

表 2-7　2014—2019 年现代职业教育本科院校各学科招生数情况

单位：人

学科	2014 年	2015 年	2016 年	2017 年	2018 年	2019 年	平均增长率/%
经济学	222 989	227 587	236 371	237 130	239 450	232 119	0.81
文学（外语）	187 566	193 293	209 267	212 611	219 809	226 370	3.83
工学	1 299 865	1 324 652	1 378 558	1 402 970	1 462 046	1 485 293	2.70
管理学	699 494	706 402	720 367	705 786	688 424	666 746	−0.95
艺术学	372 296	381 354	390 743	400 461	420 123	435 931	3.21
总计	2 782 210	2 833 288	2 935 306	2 958 958	3 029 852	3 046 459	1.83

注：本章所有数量指标数据均来自《中国教育统计年鉴》各年版本。

表 2-8 则反映了相关学科招生数量在全国本科生招生总数中的占比情况。2014—2019 年，5 个学科招生数量在全国本科生招生中的占比呈现逐年增加的趋势，说明相对于其他学科而言，从总体来看，现代本科职业教育所涉及的学科对生源的吸引力较强。具体而言，工学学科所占比例最高，管理学次之。同时也应当看到，经济学、管理学两个学科在全国总招生人数中的占比呈现逐年下降趋势，也进一步说明了当前经济管理领域人才培养与社会经济发展的适配性不高的问题；文学（外语）和艺术类学科招生人数占比则呈现逐年增加的趋势，说明了随着我国"一带一路"建设、"自贸区"建设等战略的推进实施，对文学（外语）类人才需求增长的现实，而人们日益增长的精神文化需求，则为艺术类学科的招生数量增长提供了重要的原动力。

表 2-8　2014—2019 年现代职业教育本科院校各学科
招生数占全国本科生招生总量的比例

单位:%

学科	2014 年	2015 年	2016 年	2017 年	2018 年	2019 年
经济学	5.82	5.84	5.83	5.77	5.67	5.38
文学（外语）	4.89	4.96	5.16	5.18	5.21	5.25
工学	33.90	34.02	34.00	34.16	34.63	34.44
管理学	18.24	18.14	17.77	17.18	16.31	15.46
艺术学	9.71	9.79	9.64	9.75	9.95	10.11
合计	72.56	73.90	76.56	77.17	79.02	79.46

2.2.2　在校生数量指标

在校生数量指标能够直接反映现代职业教育本科人才培养的办学规模，是衡量办学状况存量大小的最直接指标。在校生的数量能直接影响财政拨款、学费收取等办学资金等方面的收入状况，对现代职业教育本科人才培养的办学规模扩大和办学效益提升均具有重要意义。

表 2-9 反映了 2014—2019 年 5 个学科的在校生数量情况，5 个学科中在校生数量最多的是工学，增长最快的则是艺术学，其在校生数量增长率达到了 3.49%，可以认为艺术学是 5 个学科中最具有吸引力的学科，其次工学和外语类学科也保持了较快的增长趋势，分别达到 2.81% 和 2.38%，而管理学的在校生平均增长率则为 0.78%，其较低的在校生增长率也进一步印证了管理学学科职业教育本科人才培养近年来发展缓慢的实际。

表 2-9　2014—2019 年现代职业教育本科院校各学科在校生数量情况

单位：人

学科	2014 年	2015 年	2016 年	2017 年	2018 年	2019 年	平均增长率/%
经济学	908 196	923 866	946 488	961 507	980 980	986 254	1.66
文学（外语）	801 342	790 795	795 313	814 442	857 095	901 378	2.38
工学	5 119 977	5 247 875	5 375 655	5 511 445	5 692 317	5 879 763	2.81
管理学	2 858 602	2 924 188	2 966 717	2 989 829	2 996 311	2 972 541	0.78
艺术学	1 424 925	1 489 311	1 537 175	1 572 324	1 627 976	1 691 333	3.49
合计	11 113 042	11 376 035	11 621 348	11 849 547	12 154 679	12 431 269	2.27

表 2-10 则反映了 2014—2019 年 5 个学科在校生人数占全国本科在校生人数的比值情况。可以看出，工学的在校生数量占比最高，2019 年占全国本科在校生总体数量的 33.58%，且呈现增长趋势；需要注意的是，管理学和经济学的在校生占比情况，与招生状况基本一致，同样呈现出下降的趋势，招生数量和在校生数量的不断下降不利于管理学、经济学学科的健康发展。

表 2-10　2014—2019 年现代职业教育本科院校各学科
在校生数量占本科在校生总量的比例　　　单位:%

学科	2014 年	2015 年	2016 年	2017 年	2018 年	2019 年
经济学	5.89	5.86	5.87	5.83	5.78	5.63
文学（外语）	5.20	5.02	4.93	4.94	5.05	5.15
工学	33.22	33.28	33.33	33.43	33.54	33.58
管理学	18.55	18.55	18.39	18.14	17.65	16.98
艺术学	9.25	9.45	9.53	9.54	9.59	9.66
合计	72.11	73.82	75.41	76.89	78.87	80.67

2.2.3 毕业生数量指标

毕业生数量指标是反映现代职业教育本科人才培养产出水平的重要指标，毕业生数量的多少不仅会影响区域经济发展的人才需求满足状况，也会影响本科层次职业教育人才培养的规模和质量。

表2-11反映了2014—2019年5个学科的毕业生数量情况。可以看出，艺术学和管理学增长率都高于5门学科的总体平均增长水平，其中，艺术学是增长最快的学科，管理学也呈现较快的增长趋势，但是，由于管理学招生人数负增长，可以预见未来管理学在校生数量和毕业生数量的负增长趋势；工学则略低于5门学科的总体增长水平，文学（外语）学科的毕业生数量呈现负增长状态，但是，由于文学（外语）学科的招生数量呈增长趋势，可以预见未来该学科在校生数量和毕业生数量的增长将回暖。

表2-11　2014—2019年现代职业教育本科院校各学科毕业生人数情况

单位：人

学科	2014年	2015年	2016年	2017年	2018年	2019年	平均增长率/%
经济学	206 239	219 365	224 165	230 543	229 645	235 346	2.68
文学（外语）	200 266	201 988	204 487	199 428	185 941	193 387	-0.70
工学	1 132 226	1 180 508	1 226 730	1 247 808	1 269 173	1 295 015	2.72
管理学	633 878	685 277	729 175	741 061	748 510	764 582	3.82
艺术学	292 591	317 962	343 214	364 609	370 554	378 169	5.27
合计	2 465 200	2 605 100	2 727 771	2 783 449	2 803 823	2 866 499	3.06

表2-12则反映了2014—2019年5个学科毕业生数量相对于全国普通本科高校毕业生数量的占比情况。5个学科的总体占比情况呈现增长趋势，说明5个学科的人才培养产出量相对较好，其中，工学和管理学是5个学科毕业生中占比最高的两个学科，艺术学则呈现出明显的占比增长趋势，再一次证明了艺术学学科人才培养的良好发展现状；文学（外语）学科则在连续下降后，于2019年出现明显的反弹增加情况，结合招生和在校生数量情况，从产出角度而言，外语类学科人才培养在经历一定时间的毕业生产出数量卜降后，近年来发展较为快速，学生数量不断增多的人才培养实际。

表 2-12　2014—2019 年现代职业教育本科院校各学科
毕业生人数占本科毕业生总数的比例　　　　单位:%

学科	2014 年	2015 年	2016 年	2017 年	2018 年	2019 年
经济学	6.04	6.12	5.99	6.00	5.94	5.96
文学（外语）	5.87	5.63	5.46	5.19	4.81	4.90
工学	33.17	32.92	32.77	32.48	32.81	32.81
管理学	18.57	19.11	19.48	19.29	19.35	19.37
艺术学	8.57	8.87	9.17	9.49	9.58	9.58
合计	72.21	76.31	79.90	81.54	82.13	83.97

通过上述指标分析，可以看到现代职业教育本科人才培养总体发展势头良好，不同的学科呈现不同的变化特点：

对艺术学学科而言，尽管该学科在招生人数、毕业生人数、在校生人数三个指标方面的总体学生占比不高，但是该学科在这三个指标上均取得了较高的增长率，呈现出该学科较好的发展趋势，说明近年来，随着社会经济的发展，人们精神文化生活的需求不断增加，造成对艺术类人才需求数量不断增加，形成了艺术类学科相关专业供需两旺的良好发展态势。

对于工学学科而言，该学科是 5 门学科中学生人数最多的学科，是现代职业教育本科人才培养的主体学科；在三个指标的增长率方面，该学科均处于中等水平，说明近年来该学科发展创新有待提高，对现代制造业和相关行业发展趋势的把握以及应用技术型人才培养的力度有待加强。

对管理学学科而言，三个指标的学生人数仅次于工科，在职业教育本科人才培养中占有重要地位。三个指标中，毕业生数量增长较快，而招生数量指标则呈现负增长状态，在校生数量指标增长缓慢，说明该学科近年来发展水平有待提升，对生源吸引力下降，与社会经济发展的适应程度有待进一步提高，内涵式发展需求明显。因此，该学科的人才培养亟须变革培养方式，创新培养手段，提升培养质量，增强相关专业的发展成效。

对经济学学科而言，与管理学学科类似，毕业生人数增长率、招生人数增长率均处于较低的状态，特别是近年来招生人数增长率远低于毕业生的增长率，可以预见，考虑学生正常流失等因素的影响，该学科未来毕业生产出将呈现下降的趋势，同时也说明该学科相关专业近年来发展较为缓慢，需要进一步提升该学科的发展水平和发展质量，增强该学科的发展潜力。

对文学（外语）学科人才培养而言，相对于其他学科而言，文学（外语）

学科在招生指标、在校生指标方面均呈现相对较高的增长状态，而作为产出指标的毕业生增长率则处于负增长状态，说明当前外语类人才培养在数量上尚不能满足社会经济发展对文学（外语）学科的人才需求，因此，出现投入指标大于产出指标的状况，同时也反映出未来文学（外语）学科人才培养的输出指标将呈现增长的趋势。

2.3　现代职业教育本科人才培养现状的特点

2.2.1　顶层设计逐渐明晰

近年来，我国经济发展方式的转变、产业结构的调整优化，高层次的、具备一定技术技能的应用型人才成为现代职业教育本科人才培养的重点。随着理论层面和实践层面的不断探索和尝试，我国现代职业教育本科人才培养的定位已逐渐明确，而现代职业教育本科人才培养的顶层设计也逐渐明晰。国家在顶层设计层面对于现代职业教育本科人才培养的探索由两部分构成：首先是现有地方普通本科院校的转型发展。2015 年《高等职业教育创新发展行动计划（2015—2018 年）》《关于引导部分地方普通本科高校向应用型转变的指导意见》两个文件的颁布，旨在逐渐引导地方普通本科高校举办本科层次的职业教育，培养高水平、高层次的技术技能型人才。其次是尝试进行高等职业专科院校举办本科层次的现代职业教育人才培养，从现有高等职业专科院校中选拔办学条件和声望较好的学校试点举办本科层次的现代职业教育人才培养。2015—2019 年，国家相继出台了《职业院校管理水平提升行动计划（2015—2018 年）》《国务院办公厅关于深化产教融合的若干意见》《职业学校校企合作促进办法》《关于实施中国特色高水平高职学校和专业建设计划的意见》《国务院关于印发国家职业教育改革实施方案的通知》等文件，以促进高等职业教育办学水平的不断提高，为职业教育本科院校的选拔试点提供更多的备选院校，以进一步促进现代职业教育本科人才培养规模、质量的不断提高。由此可以看出，对于现代职业教育本科人才培养，国家已形成明确的人才培养路线，即一方面积极引导现有地方普通本科院校转型发展，另一方面选拔高等职业专科院校进行现代职业教育本科层次人才培养的试点，从两个层面给予现代职业教育本科人才培养政策和制度保障，促进现代职业教育本科人才培养的不断发展和完善。

2.2.2 不同办学主体发展本科层次现代职业教育的特征不同

对于现代职业教育本科人才培养而言，办学主体主要涉及两类，即地方普通本科院校和高等职业教育专科院校，这两类办学主体具有不同的发展本科层次现代职业教育人才培养的特征。

对于地方普通本科院校而言，在认识层面，意识到学校应用技术型转变的重要性和必要性，但是在实际举措上，由于举办本科层次的现代职业教育是转型发展，办学层次上并没有提升，造成转型发展的原动力不足；在资源保障层面，现代职业教育本科人才培养，意味着较强的实践能力、应用能力和动手能力的培养与训练，需要投入大量的资金进行相应的软硬件设施建设和升级，但是，地方普通本科院校获得国家层面财政补贴的可能性较低，吸引社会资金、资源的能力较差，造成地方普通本科院校的转型发展缺乏足够的资金、资源支持；在办学成效体现层面，由于转型发展所带来的人才培养质量成效变化需要一定时间和实践的检验，因此，转型发展对于学校而言无法带来立竿见影的转型成效，也无法及时进行转型成功与否的衡量和检验，这进一步降低了现有地方普通本科院校转型发展的积极性。

对于高等职业教育专科院校而言，与地方普通本科高校不同，对举办本科层次的现代职业教育具有极大的热情和积极性。首先，进行本科层次的人才培养，意味着学校办学层次的提高，意味着国家、社会对其以往办学质量和办学成效的认可；其次，招收学生的类型增加，意味着学校生源种类的增加，而本科层次学生的招收也为学校带来了良好的宣传作用，使其在同样高职层次的学校中具有较强的生源吸引能力，也为学校专科学生后续提升学历层次接续本科提供了极大的便利条件；最后，2019年，试点的15所职业技术大学，在举办本科层次职业教育的同时，保留了职业教育的特性，使学校在学费收取、专业设置等方面具有更大的自主权，从而进一步激发了高等职业教育专科学校举办本科人才培养的积极性和主动性。

2.2.3 人才培养定位不明确

当前现代职业教育本科人才培养仍处于探索试点阶段，无论是地方普通本科院校的转型发展还是高职院校的办学试点，其首要问题是需要明确人才培养的定位和目标。对于地方普通本科院校而言，由于受到传统普通本科院校办学模式的影响，在本科人才培养定位时往往注重学生的理论知识学习，忽略了动手能力、操作能力和实践能力的训练，造成人才培养的应用性、职业性不足；对于高等职业教育专科院校而言，则受到原有办学模式和办学机制的影响，使学生在专业理论知识学习的广度与深度方面，与专科人才培养相比，没有质的提升，不能达到人才培养的本科办学层次要求，造成学生职业生涯发展潜力不足。

2.2.4　人才培养细节不完善

当前现代职业教育本科人才培养还没有完全适合的、成功的案例和经验可资借鉴，在人才培养的实践中不可避免地会出现一些偏差。在教材建设方面，由于本科层次现代职业教育人才培养提出的时间较短，还没有出版成熟的、系统化的专业教材，使得教材建设滞后于现代职业教育本科人才培养的实际；在课程体系方面，由于每所学校的特点不同，学校所处地域的社会经济发展特征不同，因此，对于现代职业教育本科人才培养，不论是处于转型发展中的地方普通本科院校，还是试点进行本科人才培养的高等职业教育专科院校，都没有成熟的课程体系案例和经验可以借鉴；在教学方法方面，不论是传统的讲授法还是当前教学的主要方法，与应用技术型人才培养的适配度不高，不能有效满足现代职业教育本科人才技术技能应用能力、实践操作能力的培养需求。此外，随着信息技术在教育领域的不断应用，也亟须对当前的教学方法、方式做出变革与调整。

2.2.5　评价体系的科学性不足

评价体系的科学性不足主要表现为评价体系的不完善和评价体系的不科学两个方面。

在评价体系的不完善方面，本科层次的现代职业教育人才培养部分评价指标和评价环节缺失，如学生的技术技能培养成效评价、人才培养课程的应用性评价等。正是由于评价环节和指标的缺失，导致当前现代职业教育本科人才培养的目标不够清晰，培养方向不够明确。

在评价体系的不科学方面，首先是对学生的评价不科学。传统上对于学生的评价主要是看学生的成绩如何，而现代职业教育本科人才培养更注重学生的应用能力和实践能力，因此，对于接受本科层次现代职业教育的学生而言，需要注重过程性评价，关注理论知识和实践技能的培养成效评价，实现二者的完美结合。其次是对于教师的评价不科学。目前唯学术、唯学位、唯学历的评价体系和指标仍是教师评价的主流，对教师技术技能应用、实践能力的考评不足，造成现有教师的评价体系对现代职业教育本科教师评价的不科学、不合理，影响了教师应用能力、实践能力的提升，从而导致现代职业教育本科人才培养过程中应用性、职业性不足，人才培养特征不明显等问题。

3 《中国制造 2025》与现代职业教育本科人才培养及其协调性分析

制造业是一个国家提升综合国力、保障国家安全和强盛的支柱性产业，加快建设制造强国、发展先进的现代制造业，提高制造业的发展水平，是我国社会经济发展和产业结构调整的重要关注点。知原理、懂技术、会操作、能创新的高层次技术技能型人才是当前我国制造业发展急需的人才类型，是我国打造具有国际竞争力的现代制造业、迈向全球价值链高端环节的重要人才支撑。

3.1　《中国制造 2025》的战略规划与人才需求特点

信息技术、智能技术等先进科学技术的不断发展和应用，带来生产方式、消费方式的根本性变革，形成全球供应链国际产业分工新布局，这给我国社会经济发展方式、产业结构变化带来了巨大影响，而《中国制造 2025》则是应对我国社会经济发展内外环境的变化、抓住机遇、迎接挑战的重要战略举措。同时也应该看到，《中国制造 2025》战略的推行实施，离不开各层次人才的支撑与保障，而现代职业教育本科人才作为社会经济发展的重要人力资源，其所具有的应用性、高层次、技术技能性等特征，对《中国制造 2025》战略的顺利实施以及制造强国目标的顺利实现具有重要意义。

3.1.1　《中国制造 2025》概述

制造业是一个国家综合实力的最重要体现。第四次工业革命的到来，全球产业结构变化，国际产业链重塑，导致世界各国对世界产业和经济即将发生的变化格外关注，而制造业则是各国抓住新一轮工业革命发展机遇、优化产业结构、提升经济发展水平的重要突破口。基于此，全球制造强国先后出台了相应的战略和规划，以促进本国的制造业发展，尽快占领第四次工业革命的制高点，引领世界制造业发展的趋势和潮流，确保本国社会经济发展的规模不断扩大、质量不断提高。

2008—2016 年，美国、德国等国家从各自的制造业发展实际出发，相继出台了相应的战略和计划，以促进本国制造业的快速、高质量发展，具体如表3-1 所示。其中，德国的工业 4.0 战略尤为引人注目。工业 4.0 的实质是通过数据流的自动化和智能化技术，以互联网为桥梁实现制造业的智能化，形成新的商业模式，从而带动产业结构和产业模式变动的第四次工业革命。

表 3-1　部分国家制造业发展相关战略和计划

国家	年份	规划
美国	2012	先进制造业国家战略计划
	2016	国家制造创新网络战略计划
德国	2010	高科技战略 2020：思想、创新、增长
	2013	工业 4.0 战略
日本	2015	"工业价值链"计划
	2016	日本智能制造参考框架
英国	2008	英国高价值制造战略
	2013	英国工业 2050 计划
法国	2013	"工业新法国"计划
	2015	"未来工业"计划

3.1.1.1　《中国制造2025》的框架构成

为了更好地把握第四次工业革命所带来的发展契机，进一步夯实我国制造业的发展基础，提升制造业的发展水平，2015 年 5 月，我国提出了《中国制造2025》发展战略，该战略的提出和实施是我国现代制造业世界领先的制度保障。

《中国制造2025》战略由五部分构成，即基本方针、基本原则、战略目标、战略任务和重点、战略支撑和保障，具体内容如表3-2 所示。

表 3-2　《中国制造2025》战略构成框架表

项目	内容
基本方针	创新驱动；质量为先；绿色发展；结构优化；人才为本

表3-2(续)

项目	内容
基本原则	市场主导，政府引导；立足当前，着眼长远；整体推进，重点突破；自主发展，开放合作
战略目标	第一步：力争用十年时间，迈入制造强国行列；第二步：到2035年，我国制造业整体达到世界制造强国阵营中等水平；第三步：新中国成立一百年时，制造大国地位更加巩固，综合实力进入世界制造强国前列
战略任务和重点	①提高国家制造业创新能力：制造业创新中心（工业技术研究基地）建设工程；②推进信息化与工业化深度融合：智能制造工程；③强化工业基础能力：工业强基工程；④加强质量品牌建设；⑤全面推行绿色制造：绿色制造工程；⑥大力推动重点领域突破发展：高端装备创新工程；⑦深入推进制造业结构调整；⑧积极发展服务型制造和生产性服务业；⑨提高制造业国际化发展水平
战略支撑和保障	①深化体制机制改革；②营造公平竞争市场环境；③完善金融扶持政策；④加大财税政策支持力度；⑤健全多层次人才培养体系；⑥完善中小微企业政策；⑦进一步扩大制造业对外开放；⑧健全组织实施机制

根据《中国制造2025》的具体内容，可将《中国制造2025》简单概括为：以十个关键领域的突破发展为手段，通过五大工程的推进实施，实现我国制造业发展的"三步走"战略，最终达到成为制造强国的目标。具体而言，以新一代信息技术产业、高档数控机床和机器人、航空航天装备、海洋工程装备及高技术船舶、先进轨道交通装备、节能与新能源汽车、电力装备、农机装备、新材料、生物医药及高性能医疗器械十大关键领域为重点，集合社会各层次的资源，促进十大关键领域的快速优质发展，突破瓶颈，补足短板、增强优势。以此为基础，带动整个制造业发展的信息化和工业化融合，增强制造业的发展基础，同时，以制造业创新中心建设工程、强化基础工程、智能制造工程、绿色制造工程、高端装备创新工程的推进和实施为手段，打造具有中国特色的现代化、信息化、数字化、智能化的制造业发展基础和发展模式。同时，《中国制造2025》战略中也提出实现我国在2025年迈入制造强国行列、2035年整体达到世界制造强国阵营中等水平、2050年跻身世界制造强国前列的"三步走"战略目标。通过扎实推进现代制造业的发展，引导我国制造业从大而不强、自主创新能力弱、品牌质量意识低逐步向具有较强创新能力、较高产品质量和制造水平的绿色化、信息化、国际化、智能化制造业转变，从而保障我国制造强国建设目标的实现，为中华民族伟大复兴的实现提供强大的物质基础和保障。

3.1.1.2 《中国制造2025》的特征

（1）系统性特征

我国制造业目前已形成门类齐全、独立完整的制造业体系。作为世界第一的制造大国，我国制造业的转型发展、提质增效是一项巨大而复杂的系统工程，《中国制造2025》战略规划则是这项复杂系统工程的行动纲领和制度保障，具有明显的系统性特征。

在战略目标上，"三步走"的战略目标首先是强化当前优势，继续加强我国制造大国的地位，强化优势领域，积极推进工业化和信息化（简称"两化"）融合；其次要以我国制造大国的发展优势为基础，重点领域实现突破，形成较强的制造业竞争力，成为世界制造强国；最后是继续稳固制造强国地位，在世界制造业发展中起到引领作用。由此可以看出，《中国制造2025》战略目标是一个相互衔接、逐层递进的目标，具有明显的系统性。

在衡量指标上，《中国制造2025》构建了两级指标组成的指标体系，涵盖四个一级衡量指标和九个二级指标[38]，以反映中国制造业发展的成效。如图3-1所示，每个一级指标下有各自的二级指标，通过二级指标的衡量和测算，反映一级指标的发展状况，指标间相互联系、相互影响，形成了衡量中国制造业发展的有机指标体系。

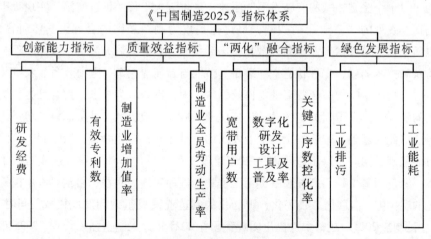

图3-1 《中国制造2025》衡量指标体系图

（2）层次性特征

《中国制造2025》作为推动我国庞大复杂的制造业体系发展升级的重要战略规划，在具有系统性的同时，还具有明显的层次性，主要体现在宏观、中观和微观三个层面。

在宏观层面，主要涉及制造业的顶层设计和相关制度、政策的制定。《中国制造2025》中指出，在顶层设计方面，要以科学系统的规划和战略引导我国制造业发展提升的方向，明确我国制造业发展水平提升的阶段和目标，完善并出台有关制造业发展的制度政策，营造出制造业发展的良好市场环境和人文环境，促进和引导形成中国特色的制造文化，同时从全球战略角度，充分利用全球制造资源，进一步提升我国制造业的发展水平，形成新的比较优势。

在中观层面，主要强调重点产业和领域的发展与突破，通过十个重点产业、重点领域发展瓶颈的突破，形成我国制造业在全球制造领域的制高点，以五个重点工程建设为基础，带动重点产业和领域的优化调整，发展高价值、高技术含量制造，进而从中观层面提高我国制造业发展的品质。

在微观层面，注重将保障我国制造业发展提升的措施落到实处。《中国制造2025》不仅关注制造业重点企业建设和相关品牌的建立，还关注中小微企业的发展，甚至还可对某些重点领域的重点产品给予重点关注和支持，促进其研发与创新，尽快实现技术突破，如超导材料、纳米材料、石墨烯等。

（3）创新性特征

制造业发展的提升离不开创新。《中国制造2025》战略指导思想的第一条明确了创新驱动，指出创新是我国制造业发展提升的核心，因此，创新性是《中国制造2025》的重要本质属性。具体而言，创新性表现在技术创新、制度创新和产业创新三个方面。在技术创新方面，《中国制造2025》强调智能技术、大数据技术、互联网技术等先进科学技术的创新应用和发展。无论是新材料、生物医药等新兴领域，还是电力装备、农机装备等传统领域，均需要创新思维，运用先进的科学技术作为发展支撑。在制度创新方面，制造业的升级发展需要科学的、系统的制度、政策体系来支撑和保障。《中国制造2025》中明确指出，需要进行制度、政策、体制和机制的改革与创新，以更加开放的机制、科学的制度、有力的支撑政策保障我国制造业发展水平的提升。在产业创新方面，《中国制造2025》关注重点产业和关键领域的创新与突破，特别是新能源、新材料、生物医药等领域的创新发展，是我国制造业发展水平提升的重要标志。

（4）全面性特征

全面性特征是《中国制造2025》战略的本质特征之一，具体表现为产业的全面性、制度的全面性。在产业全面性方面，《中国制造2025》战略既涉及高新技术产业的发展规划，也对传统的制造业领域提出了升级发展的要求，同时还包括相应的生产服务行业以及相关商业体制的升级，我国制造业发展在提质增效的同时，产业部门更加全面和完善。在制度全面性方面，《中国制造2025》战略要求不断完善有助于提高制造业发展品质的相关政策、制度和体制，打造中国特色的制造文化，从不同层面、不同维度，全方位保障我国制造强国目标的实现。

3.1.2 《中国制造 2025》战略的人才需求特点分析

《中国制造2025》战略的推进实施，需要全方位的人才支持。制造业发展品质的提升，涉及新材料、新技术、新方法、新领域、新产品，需要制造业相关的研发、生产、制造、服务、管理等各领域、各部门的全方位提升与保障。因此，《中国制造2025》战略的推进实施需要不同专业领域的不同层次的研发、应用、制造、服务、管理相关人才的支持和保障，形成一个完整的人才支撑体系。在《中国制造2025》战略中，41处提到人才，同时在战略方针和支撑保障中，都有专门关于人才需求的论述。通过梳理《中国制造2025》相关的制度性文件，《中国制造2025》对相应人才需求的特点主要体现在以下四个方面：

3.1.2.1 人才类型方面

《中国制造2025》战略所涉及的人才类型可以从两个方面来进行分析。首先是职业领域的人才类型。根据《中国制造2025》所涉及的行业领域，可将相应的人才需求分为技术、管理、服务三个职业大类领域。对于技术类型的人才而言，这类人才拥有扎实的理论知识，并能够借助自身所拥有的技术技能，实现产品、服务的研发、设计、转化和生产，是制造业升级发展的重要人才支撑。制造业的升级发展最终取决于企业的发展质量和发展状况，而管理类人才则是制造业相关企业提升生产效益、壮大生产经营规模的重要人才因素，是制造业升级发展的重要保障。服务类人才则是制造业升级发展过程中支持性服务活动所需的人才类型，如生产服务业的相关人才，这类人才是推动制造业顺利升级发展的重要辅助力量。其次是产业部门相应的人才类型。《中国制造2025》战略指出，努力形成一支门类齐全、技艺精湛的技术技能人才队伍。这里的门类是指制造业发展相关的产业部门。当前，我国制造业已形成门类齐全、体制完整的制造业体系，但是，就制造业整体而言，还存在结构不合理、发展水平不高等问题，究其原因，各门类人才的分布结构和数量结构不合理，高水平人才缺乏是我国制造业发展品质不高的重要因素。因此，《中国制造2025》战略的实施，无论是职业类别，还是产业门类，都需要建立一支结构合理、数量合适、质量匹配的高素质人才队伍。

3.1.2.2 人才层次方面

《中国制造 2025》战略中涉及研发、技术技能、技能三类不同层次的相应人才。研发人才，主要是指新技术、新产品的研发、设计人才，对其理论知识基础、创新能力都有较高的要求；技术技能型人才，则是指利用自身的专业知识和技术，将设计图纸、方案等概念性产品转化成实际产品或服务的相应人才，对其技术技能应用和创新能力有较高的要求；而技能型人才，则是针对某一具体行业，拥有专门的生产加工、管理服务实践技能的相应人才，其具有较强的动手能力和实践能力。这三类不同层次的人才，涉及不同层次产品或服务的生产与分工，都是制造业升级发展所必需的人才保障。

3.1.2.3 人才培养方面

《中国制造 2025》战略就制造业升级发展所需的人才培养进行了专门的部署和规划，如"卓越工程师"培养、专业领域的硕博士培养等，强调从类型和层次等不同的方面加大制造业相关人才的培养力度，以满足制造业升级发展的人才需求。首先，在学校层面，通过引导相应学校的应用技术型人才培养转型发展、推动实施"卓越工程师"计划等手段，促进应用技术型人才培养的数量不断增加、质量不断提高，借助高等院校较为齐全的学科门类，满足制造业不同领域、不同部门对高层次应用技术型人才的需求；其次，通过培训不断提高制造业相关从业人员的整体素质和水平，以职业教育发展为基础，不断提升技术技能培训的水平，为制造业从业者提供最有效、最先进的知识更新和技能训练，促进制造业从业者专业知识、职业能力和综合素质的不断提高。

3.1.2.4 人才管理方面

要提升中国制造业发展品质，达到成为制造强国的目标，需要以人为本，需要建立科学合理的选人、用人、育人机制，这是《中国制造 2025》人才管理方面的具体要求和基本遵循。在人才管理方面，《中国制造 2025》战略的实施需要从内外两个方面提升人才管理的成效，激发人才的活力和动力，实现制造业各层次人才价值创造的最大化。对内而言，要求制造业及其相关行业部门，在研发、技术、技能和管理领域，遵循科学的人才成长规律，创新人才激励机制和流动机制，建立科学合理的人才管理制度，实现人才价值创造、价值评估、价值分配等方面的变革与创新，充分调动人的积极性和创造性；对外而言，则需要建立有效的人才引进制度和激励机制，积极吸引制造业发展急需的高端人才、紧缺人才，不断壮大有利于制造业整体提升发展的人才队伍，为制造业的升级发展提供有力的人才支撑。

3.2 现代职业教育本科人才培养与经济发展协调性分析

职业教育人才培养的应用性、职业性属性,决定了职业教育人才培养与社会经济发展的适应性,而现代本科职业教育作为高层次应用型人才培养的重要渠道,同样需要与社会经济发展实际需求相匹配。当前,我国社会经济正处于转型发展的关键时期,《中国制造 2025》作为制造业振兴的重大发展战略,必然会带来社会经济发展的结构优化、质量提升,需要大量的高层次应用技术型人才作为保障和支撑。因此,有必要对现代职业教育本科人才培养与社会经济发展的适应状况进行分析,从社会经济发展的角度探究现代职业教育本科人才培养的规格要求。

3.2.1 经济发展状况分析

对经济发展实际状况进行分析,明确当前社会经济的发展规模、结构,有助于现代职业教育本科人才培养的目标和规格的明晰,是确定其人才培养数量和质量的重要依据。

3.2.1.1 经济发展规模分析

在国民经济的各项核算指标中,GDP(国内生产总值)作为国民经济核算的核心指标,是最直接反映一个国家或地区总体经济状况的重要尺度,因此,可借助 2014—2019 年我国 GDP 总量反映经济规模发展的总体状况,如表 3-3 所示。(注:由于数据可得性原因,所涉及有关经济规模及经济增长的计算内容均采用名义价格)

表 3-3　2014—2019 年中国 GDP 总量　　　　单位:亿元

年份	2014 年	2015 年	2016 年	2017 年	2018 年	2019 年
GDP	641 280.6	688 858.2	746 395.1	832 035.9	919 281.1	990 865.1
平均增长率/%	9.09					

由表 3-3 可以看出,2014—2019 年我国经济发展处于持续增长状况,2019 年达到 990 865.1 亿元,较 2014 年 GDP 增长了 349 584.5 亿元。图 3-2 则显示了美、中、日、德四国的 GDP 总量状况。根据世界银行数据[39],美、中、日、德四国经济总量排名全球前四位,同时,美国 GDP 排名一直处于领

先地位，而中国处于全球第二位。可以看到，从 2014 年开始，我国 GDP 总量
突破 10 万亿美元，2019 年则达到 14.28 万亿美元，较日、德两国的经济总量
之和高出 5.37 万亿美元。这显示出近年来我国社会经济的快速发展，经济总
量快速增长的良好发展态势。图 3-3 则显示出中、美两国 GDP 的比值状况。
2014 年中国 GDP 总量相当于美国的 59.76%，而这一比值在 2018 年达到峰值
67.51%。这说明，中国经济发展与美国相比还有一定的差距。就增速而言，
根据世界银行的数据，2014—2019 年美、中、日、德四国年均增速分别为
4.11%、6.39%、0.94% 和 -0.12%。由此可以看出，中国经济发展具有较快的
增长速度，明显高于其他三国，而美国作为世界第一大经济体，在拥有庞大经济
基础的同时，取得了 4.11% 的增速，说明美国经济的发展活力和动力较为强劲，
而日本和德国则呈现微增长和负增长趋势，经济发展势头不容乐观。而表 3-4 则
体现了四国的人均 GDP 状况。可以看出，2014—2019 年，虽然中国的人均 GDP
取得了最高的增长速度，达到 5.88% 的年均增长率，但是中国的人均 GDP 仍明
显低于美、日、德三国，再一次证明了中国经济发展品质需要提升的实际状况。

图 3-2　2014—2019 年美、中、德、日四国 GDP 比较

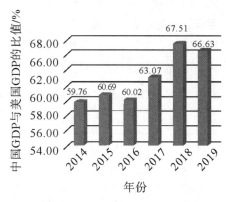

图 3-3　中、美两国 GDP 比值

资料来源：以上数据均来源于世界银行网站（https://data.worldbank.org/country/）。

表 3-4　2014—2019 年美、中、日、德四国人均 GDP

单位：美元

国别	2014 年	2015 年	2016 年	2017 年	2018 年	2019 年	平均增长率/%
美国	55 064.7	56 839	57 951.6	60 062.2	62 996.5	65 297.5	3.47
中国	7 678.6	8 066.9	8 147.9	8 879.4	9 976.7	10 216.6	5.88
日本	38 109.4	34 524.5	38 761.8	38 386.5	39 159.4	40 246.9	1.10
德国	47 960	41 086.7	42 107.5	44 552.8	47 810.5	46 445.2	-0.64

3.2.1.2　产业结构分析

产业结构是指不同部门在国民经济发展中的结构比重。产业结构能够反映国民经济各部门的发展状况和相互关系，因此，在关注国民经济增长情况的同时，还应注意经济发展过程中各产业、行业的发展实际，从而更加科学客观地了解社会经济发展特征。

三次产业结构是根据社会生产活动的顺序而进行的国民经济产业划分，表 3-5 反映出 2014—2018 年我国社会经济发展中三次产业结构的规模变化情况。三次产业均处于持续增长状态，其中第一产业在 2018 年达到 64 745.2 亿元，较 2014 年增长 9 118.9 亿元，年均增长率为 4.10%；第二产业 2018 年总产值为 364 835.2 亿元，较 2014 年增长 87 263.4 亿元，年均增长率达到 7.86%；而第三产业 2018 年总产值为 489 700.8 亿元，较 2014 年增长 181 618.3 亿元，年均增长率为 14.74%。虽然三次产业都处于增长状态，但是增长的趋势和变化情况有所不同，其中第三产业增长速度最快，而以制造业为代表的第二产业虽然 2014—2018 年呈现总产值不断增加的态势，但是，第二产业增速明显低于第三产业，说明了近年来我国制造业发展速度放缓、制造业整体价值创造能力不高、高端制造业价值创造能力较低、产业发展增长潜力较差的发展现实，这也表明了《中国制造 2025》战略推进实施的重要性和必要性。

表 3-5　2014—2018 年国民经济三次产业结构

年份	第一产业		第二产业		第三产业	
	产值/亿元	占比/%	产值/亿元	占比/%	产值/亿元	占比/%
2014	55 626.3	8.67	277 571.8	43.28	308 082.5	48.04
2015	57 774.6	8.39	281 338.9	40.84	349 744.7	50.77
2016	60 139.2	8.06	295 427.8	39.58	390 828.1	52.36

表3-5（续）

年份	第一产业		第二产业		第三产业	
	产值/亿元	占比/%	产值/亿元	占比/%	产值/亿元	占比/%
2017	62 099.5	7.46	331 580.5	39.85	438 355.9	52.68
2018	64 745.2	7.04	364 835.2	39.69	489 700.8	53.27

资料来源：以上数据均来自《中国统计年鉴》（2014—2018）各年版本或计算获得。由于数据可得性，本书测算分行业相关数据的时间范围为2014—2018年。

从三次产业结构比重情况来看，2014—2018年，我国第三产业发展速度较快，在国民经济中的比重不断提高，也是三次产业中增速最快的产业，而一、二产业的经济总量占比呈现逐年下降趋势，其中第二产业的占比由2014年的43.28%下降为2018年的39.69%，占比降幅达到3.59个百分点。三次产业国民经济占比的变化情况再一次证明了我国制造业近年来发展质量不高、增长潜力较差的事实。

3.2.1.3 重点产业发展分析

（1）制造业

近年来，在我国社会经济发展中，第三产业发展迅速，第二产业发展增速较慢，增长潜力较差，而第二产业中制造业作为国民经济发展的支柱性产业，其发展状况对第二产业的增长和整个国民经济的发展具有重要影响。图3-4反映了制造业在第二产业和整个国民经济总量中的占比情况。

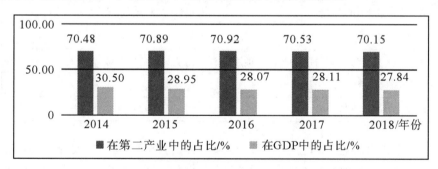

图3-4　中国制造业在第二产业和GDP中的占比情况

中国制造业在第二产业中的占比总体波动较小，自2014年后占比均超过70%，是整个第二产业增加值的主体，且于2016年达到峰值70.92%。与第二产业的占比情况不同，制造业在整个国民经济中的占比却呈现出整体下降的趋势，由2014年的30.5%下降到2018年的27.84%。制造业在第二产业中的产值和整个 GDP 中占比的变化特征,进一步印证了我国制造业近年来存在发展品质不高、结构不合理、高端制造领域创新不足等问题。我国制造业亟须改变发展模式,优化内部结构,提升制造业的发展质量和水平。

(2)生产性服务业

制造业的高质量发展,离不开相关产业的支撑,《中国制造 2025》战略中8 次提到生产性服务业对制造业高品质发展的重要性,并指出我国生产性服务业发展的滞后,极大地影响了制造业的发展升级,生产性服务业的高质量快速发展是制造业发展品质提升和结构优化的重要保障。

根据国家统计局发布的《国民经济行业分类》《生产性服务业统计分类(2019)》国家标准[40],我们可将与生产性服务业对应的国民经济部门进行归类,从而得到生产性服务业的具体产业部门构成状况,结果如表 3-6 所示。

表 3-6　生产性服务业构成表

序号	生产性服务项目	产业部门
1	研发设计与其他技术服务	科学研究与技术服务业
2	货物运输、通用航空生产、仓储和邮政快递服务	交通运输、仓储和邮政业
3	信息服务	信息传输、软件和信息技术服务业
4	金融服务	金融业
5	节能与环保服务	水利、环境和公共设施
6	生产性租赁服务	租赁与商务服务业
7	商务服务	租赁与商务服务业
8	人力资源管理与职业教育培训服务	租赁与商务服务业
9	批发与贸易经纪代理服务	批发和零售业
10	生产性支持服务	居民服务修理和其他服务业

需要指出的是,生产性服务项目大类所涉及的服务内容较为庞杂,往往有时一个服务项目大类涉及多个产业部门,本书中针对某大类服务项目中主要涉及的产业部门进行归类。人力资源管理与职业教育培训服务项目本来应涉及租赁与商务服务业和教育业两个部门,但是由于数据的可得性,职业教育培训服务的相关国民经济增加值数据无法获得,因此,本书只好将人力资源管理与职业教育培训服务划归租赁与商务服务业范畴。生产性服务业各部门在第三产业总产值中的占比情况,如表 3-7 所示。从表 3-7 可以看出,生产性服务业的

产值占第三产业总产值的60%以上，生产性服务业的发展状况对第三产业的发展具有举足轻重的作用，同时生产性服务业发展质量的高低也对我国制造业的发展乃至整个国民经济发展质量的提升都具有重要作用。根据生产性服务业产业内部产值占比情况可以看出，对制造业发展升级具有重要作用的科学研究和技术服务业以及信息传输、软件和信息技术服务业在第三产业产值中的占比较低，且在2014—2018年处于微增长状态，这说明相对于生产性服务业所包含的其他产业而言，科学研究和技术服务业以及信息传输、软件和信息技术服务业两个产业近年来发展相对缓慢，发展水平有待提升。

表3-7　2014—2018年生产性服务业部门构成

及其在第三产业产值中的占比情况　　　　单位:%

产业部门	2014年	2015年	2016年	2017年	2018年
批发和零售业	20.26	19.36	18.86	18.51	18.15
交通运输、仓储和邮政业	9.25	8.73	8.45	8.47	8.24
信息传输、软件和信息技术服务业	5.17	5.01	5.15	5.43	5.87
金融业	15.15	16.10	15.34	14.79	14.42
租赁和商务服务业	4.96	5.17	5.51	5.77	6.02
科学研究和技术服务业	3.98	3.97	3.94	3.98	4.12
水利、环境和公共设施管理业	1.13	1.18	1.11	1.05	1.04
居民服务、修理和其他服务业	3.15	3.03	3.12	3.13	3.02
合计	63.05	62.55	61.49	61.13	60.88

3.2.2　现代本科职业教育与经济发展的协调性分析

教育经济理论认为，自教育产生以来，就和社会经济发展有着不可分割的联系。现代职业教育本科人才培养和区域经济发展的相互协调、相互促进是社会经济发展和现代职业教育体系建设完善的共同目标，社会经济发展与现代职业教育本科人才培养二者之间能否协调发展是当前经济发展结构调整、《中国制造2025》战略规划顺利实施、现代职业教育本科人才培养壮大发展的关键，需要本科层次的职业教育与社会经济在发展规模、产业结构方面相互协调匹配，从而保证社会经济发展和现代职业教育本科人才培养的良好互动、协调发展。

3.2.3.1　规模协调分析

规模协调主要是指社会经济发展与职业教育本科人才培养规模的协调匹配。经济学认为组织规模的扩大会引起总成本下降、经济效益增加，而当组织规模超过一定范围（限度）时则会引起单位成本增加、经济效益下降的情况。如果将社会经济体系和本科层次的职业教育体系看成一个相互作用、相互影响的整体，则二者之间同样存在规模适度问题。借鉴相关文献[41]的研究方法，我们采用某项教育指标的平均增长率与 GDP 平均增长率之间的比值，来衡量社会经济发展与现代职业教育本科人才培养间的规模协调程度。具体计算公式为：

某项教育指标的规模协调度 = | 某项教育指标年均增长率-GDP 年均增长率 |

$$(3-1)$$

规模协调度指标反映了某项教育指标与社会经济发展需求的匹配情况，该指标值越大说明教育指标与社会经济发展需求的匹配情况越差。根据公式（3-1），可计算 2014—2019 年期间规模协调状况，结果如表 3-8 所示。

表 3-8　2014—2019 年我国现代本科职业教育规模匹配度

指标	年均增长率/%			匹配度	
	本科职业教育	全国本科生	GDP	本科职业教育	全国本科生
招生数	1.83	2.38	9.09	0.072 6	0.067 1
在校生数	2.27	2.59		0.068 2	0.065 0
毕业生数	3.06	2.95		0.060 3	0.061 4

从计算结果可以看出，现代职业教育本科人才培养的招生数和在校生数两个指标的规模匹配计算数值均大于全国本科生的匹配计算数值，因此，招生数指标和在校生数指标与社会经济发展需求匹配协调的程度低于全国平均水平。具体而言，招生数量和在校生数量的年均增长率低于全国平均水平，这说明现代本科职业教育还具有较大的发展空间，应加大相应的招生数量，从而满足社会经济发展对现代职业教育本科人才的需求。而毕业生数量指标的测算数值则小于全国平均水平，表明在产出方面，现代本科职业教育与社会经济发展需求的匹配性优于全国平均水平，从而说明现代本科职业教育所培养的技术技能型人才与社会经济发展的适应程度较高。总体而言，从投入—产出的角度考量，现代职业教育本科人才培养应加大发展力度，为社会经济发展提供更多的优质高层次技术技能型人才。

3.2.3.2 结构协调分析

结构协调是用各产业毕业生情况和产业自身的发展状况来衡量产业发展与现代职业教育本科人才培养间的协调状况。根据《中国制造2025》战略实施的需求，可将制造业和生产性服务业作为产业发展指标；相应的，对于现代职业教育本科人才培养专业结构方面的指标，则可将现代职业教育本科人才培养所涉及的5门学科分为工学学科和其他生产服务业相关学科（管理学、艺术学、文学和经济学），分别对应产业发展中的制造业和生产性服务业。由此，可界定某一产业部门的结构协调度为某产业产值占国民经济总产值比例平均增长率与该产业本科职业教育毕业生占总体毕业生比例平均增长率的比值[41]，即

本科职业教育与某产业结构协调度 = │某产业对应本科职业教育毕业生占比的平均增长率-某产业产值占比的平均增长率│ 　　　　(3-2)

结构匹配度指标反映了某项教育指标与社会经济产业结构匹配情况，该指标值越大，说明教育指标与社会经济产业结构的匹配情况越差。根据公式(3-2)，结合2014—2018年现代职业教育本科人才培养相关指标、产业产值占比指标可计算产业结构协调状况，结果如表3-9所示。由计算结果可知，制造业协调度数值高于生产性服务业数值，这反映出现代职业教育本科人才培养对制造业转型升级和发展提升的支撑能力较低。制造业产值占国民经济总产值的比例呈现负增长状态，是制造业与现代职业教育本科人才培养产业结构协调度较低的主要原因。这也进一步反映出，我国制造业近年来增长相对缓慢，创新能力和增长潜力较差的发展现实。

表 3-9　现代本科职业教育产业结构匹配情况

指标	制造业	平均增长率/%	生产性服务业	平均增长率/%
学科	工学	-0.27	生产服务业相关学科	6.01
产业	制造业	-2.26	生产服务业	1.72
匹配度	0.019 9		0.042 9	

由现代职业教育本科人才培养与经济发展的协调情况计算结果可以看出，无论是制造业还是生产性服务业，其产业发展均与现代本科职业教育培养的毕业生指标匹配性有一定的偏差。具体而言，制造业和工学的平均增长率均为负值，而制造业的负增长状况较工学更为明显。就生产性服务业而言，生产性服务业相关学科人才培养的毕业生占本科毕业生总量比例的平均增长率呈现明显

的增长趋势，高于生产性服务业所占 GDP 百分比的平均增长率。在匹配度方面，虽然制造业的匹配度优于生产性服务业的测算数值，但是制造业所呈现的明显负增长率趋势，表明了我国制造业大而不强，创新能力和高价值产品制造能力较弱的现状，而制造业发展的提升、价值链高端制造能力的延伸，都离不开高层次技术技能型人才的支撑与保障，因此，应加大现代职业教育本科人才培养中制造业相关专业的发展力度，以保障《中国制造 2025》战略实施对高层次技术技能型人才的需求。生产性服务业的结构协调程度较低，则说明对于生产性服务业相关学科的人才培养应更为关注人才培养的内涵式发展，从而为制造业的升级发展提供有效的生产服务类人才的支撑。

3.3 现代本科职业教育专业结构协调性分析

专业结构是指现代职业教育本科人才培养的专业设置数量及其构成，它能够反映人才培养所涉及的产业和学科状况，专业设置的科学与否、专业结构的协调状况，对本科层次现代职业教育人的高质量发展具有重要意义。对于专业设置的状况和专业结构的协调性，本书主要以 24 所现代职业教育本科院校为例进行专业设置及其构成比例的分析，从而探究现代职业教育本科人才培养的专业结构协调状况。需要指出的是，现代本科职业教育的专业结构协调性应以产业类型为依据进行相应专业设置及结构比例的分析。但是，当前现代本科职业教育的专业设置仍然依据普通本科专业设置标准进行，因此，本书在进行专业结构协调性分析时，从学科体系的角度出发进行相应的专业设置及结构比例分析。应当指出的是，随着现代本科职业教育的不断发展，在实践层面，现代本科职业教育的专业设置应逐步调整为以产业类型为依据，根据职业群、岗位群特征进行相应的专业设置，从而更为科学地反映现代本科职业教育专业设置的结构状况。

2021 年，教育部颁布了《本科层次职业学校设置标准（试行）》，其中明确指出本科职业教育的专业设置应对接国家和区域主导产业、支柱产业和战略性新兴产业设置专业。表 3-10 显示了 24 所现代职业教育本科院校所涉及的 10 个学科开设专业种类占全国本科高校该学科开设专业种类的比例情况，其中艺术学、管理学、工学的专业种类占比超过 30%，其余学科均低于 30%。由此可以看出，从 24 所学校专业设置及构成的总体状况来看，与现代制造业发展紧密相关的工学、管理学、经济学等相关学科的专业种类占比不高，甚至经济学学科的开设专业种类占比仅为 18.18%。这既显示了现代本科职业教育当前专业规模较小，不能有效保障经济发展对高层次技术技能型人才的需求的现实，也反映出在现代本科职业教育专业设置及结构方面，对满足制造业升级发展以及对接国家和区域主导产业、支柱产业和战略新兴产业方面还有待进一步优化调整的实际状况。特别是工学，作为现代制造业发展的重要学科，其专业开设数量的状况一定程度上反映了现代本科职业教育对现代制造业发展的人才支撑状况，而当前现代本科职业教育的工学专业开设种类占比仅为 31.53%，这不仅不能有效满足我国制造业升级发展对高层次技术技能型人才的需求，还会影响现代职业教育本科人才培养服务主导产业、支柱产业和战略新兴产业功能的发挥。

表 3-10　现代本科职业教育专业数占全国专业数总量比例

学科	工学	管理学	艺术学	文学	经济学	理学	教育学	农学	医学	法学
专业数/个	64	20	19	9	4	7	3	8	7	2
专业种数/个	203	56	40	67	22	48	19	35	56	36
占比/%	31.53	35.71	47.50	13.43	18.18	14.58	15.79	22.86	12.50	5.56

对现代职业教育本科人才培养专业结构的探析，在关注专业总体结构状况的同时，还需要对每个学科的专业结构进行分析，从而更为科学全面地反映现代职业教育本科人才培养的专业结构特征。表 3-11 反映了工学学科的专业设置情况。具体而言，涉及物联网、智能制造、新能源等中国制造业发展重点领域的新专业共 12 个，占所有专业的 18.75%，且开设学校相对较少，而传统的工学专业如机械设计制造及自动化、汽车服务工程等专业，开设学校较多，因此，从专业结构角度而言，现代职业教育本科人才培养仍然集中于传统的制造业领域，对于新兴产业涉及较少。同时也可以看出，虽然 24 所学校共涉及工学学科专业 64 个，但是，学校开设最为集中的专业（超过 10 所学校开设），分别为机械设计制造及其自动化、汽车服务工程、软件工程、土木工程、工程造价。除软件工程外，其余 4 个专业均是传统的工学专业，再一次证实了现代职业教育本科人才培养在专业开设方面，对新技术、新知识的关注度不足，对新兴产业的人才需求满足程度较低的现状。此外，需要指出的是，在学校开设最为集中的 5 个专业中，实际具有制造业及相关产业属性的专业仅有 3 个，因为土木工程和工程造价两个专业从产业属性角度而言属于建筑业范畴。因此，从保障《中国制造 2025》战略实施人才需求的角度而言，现代本科职业教育工学学科专业结构需进一步优化，规范专业设置，提升工学学科专业结构的科学性。

表 3-11　现代本科职业教育工学类专业构成情况

序号	专业	学校数/个
1	机械设计制造及其自动化	14
2	汽车服务工程	14
3	软件工程	13
4	土木工程	11
5	工程造价	10
6	物联网工程	7
7	电气工程及其自动化	6
8	计算机应用工程	6
9	电子信息工程	5
10	通信工程	5
11	智能制造工程	5
12	材料成型及控制工程	4
13	车辆工程	4
14	大数据技术与应用	4
15	机械电子工程	4
16	计算机科学与技术	4
17	化学工程与工艺	3
18	机器人工程	3
19	数据科学与大数据技术	3
20	网络工程	3
21	安全工程	2
22	电气工程与智能控制	2
23	工业机器人	2
24	轨道交通信号与控制	2
25	建筑学	2
26	交通运输	2
27	能源动力工程	2

表3-11(续)

序号	专业	学校数/个
28	食品科学与工程	2
29	信息安全与管理	2
30	资源循环科学与工程	2
31	自动化	2
32	材料化学	1
33	制造工程	1
34	材料科学与工程	1
35	采矿工程	1
36	测绘工程	1
37	城乡规划	1
38	道路桥梁工程	1
39	道路桥梁与渡河工程	1
40	地质工程	1
41	电子信息科学与技术	1
42	飞行器制造工程	1
43	给排水科学与工程	1
44	工业设计	1
45	光电信息科学与工程	1
46	航海技术	1
47	化妆品技术与工程	1
48	环境工程	1
49	环境生态工程	1
50	机械工程	1
51	建筑环境与能源应用工程	1
52	交通工程	1
53	金属材料工程	1
54	矿物资源工程	1

表3-11(续)

序号	专业	学校数/个
55	生物工程	1
56	水利水电工程	1
57	铁道工程	1
58	香料香精技术与工程	1
59	新能源科学与工程	1
60	新能源汽车工程	1
61	印刷工程	1
62	油气储运工程	1
63	智能科学与技术	1
64	智能控制技术	1

表3-12则反映了管理学学科的专业开设情况。管理学学科的现代职业教育本科人才培养共涉及20个专业，学校开设相对集中的专业有4个（超过5所学校开设），分别为物流管理、电子商务、财务管理、会计学。与工学类专业不同的是，这4个专业均是生产性服务业的重要发展领域。管理类的其他专业如国际商务、人力资源管理等专业所培养的人才同样也是生产性服务业发展的必要支撑，但是开设的学校较少，不能有效满足生产性服务业发展的人才供应需求。因此，对于管理学学科的专业结构也可进行一定的优化，使其专业结构更为合理。

表 3-12　现代本科职业教育管理学类专业构成情况

序号	专业	学校数/个
1	物流管理	13
2	电子商务	12
3	财务管理	10
4	会计学	7
5	市场营销	4
6	工程管理	4

表3-12(续)

序号	专业	学校数/个
7	社会体育指导与管理	3
8	酒店管理	3
9	人力资源管理	2
10	健康服务与管理	2
11	旅游管理	2
12	旅游管理与服务教育	2
13	社会工作	1
14	审计学	1
15	水路运输与海事管理	1
16	信息管理与信息系统	1
17	休闲体育	1
18	质量管理工程	1
19	国际商务	1
20	行政管理	1

表3-13反映了艺术学学科的专业构成情况。艺术学学科共涉及19个专业，仅次于管理学学科，学校开设相对集中的专业有2个（开设学校超过5所），分别为数字媒体技术和视觉传达设计，这两个专业在具有艺术学特征的同时，还需要与现代化的信息技术相结合，使得这两个专业具有较强的技术性、应用性和实践性特点。在现代职业教育本科人才培养中，艺术学学科专业的良好发展现状，进一步反映了当前人民生活水平提高，对精神文化生活需求提升的现实。

表3-13　现代本科职业教育艺术学类专业构成情况

序号	专业	学校数/个
1	数字媒体技术	12
2	视觉传达设计	9
3	工艺美术	4

表3-13(续)

序号	专业	学校数/个
4	环境艺术设计	4
5	舞蹈表演	5
6	音乐表演	5
7	服装与服饰设计	3
8	音乐学	3
9	播音与主持艺术	2
10	产品设计	2
11	动画	2
12	环境设计	2
13	美术	2
14	表演	1
15	广播电视播导	1
16	绘画	1
17	书法学	1
18	舞蹈编导	1

　　表3-14反映了现代职业教育本科人才培养在文学、经济学学科的专业构成情况。对于文学学科而言，偏重于实践应用的商务英语是文学学科专业开设集中度最高的专业，同时也应注意到，在文学学科所涉及的9个专业中，有7个是语言型的专业，应用型外语人才的培养，能够满足现代制造业发展提升过程中对外语类人才的需求，从而有利于我国制造业发展品质的提升。对于经济学学科而言，该学科共涉及4个专业，其中国际经济与贸易是学校开设相对集中的专业，虽然该学科涉及的专业数目较少，但是其相应的专业都是生产服务业发展的人才需求重点领域。就当前经济学学科涉及专业和开设学校而言，对生产性服务业快速发展所需的高层次技术技能型人才供给规模不足，亟须加强该学科的建设和发展。

表 3-14　现代职业教育本科文学、经济学学科专业构成情况表

文学		
序号	专业	学校数
1	商务英语	8
2	英语	4
3	汉语言文学	2
4	德语	2
5	应用韩语	1
6	应用俄语	1
7	商务日语	1
8	广播电视学	1
9	播音与主持	1
经济学		
序号	专业	学校数
1	国际经济与贸易	6
2	金融工程	3
3	金融管理	1
4	经济学	1

职业教育学、农学、医学、理学4个学科专业构成如表3 15所示。进一步考察4个学科的专业构成情况可以发现，所开设的专业与制造业及生产性服务业的相关程度较低，因此，本书对4个学科的专业结构状况不再赘述。

表 3-15　医学、理学、农学、教育学学科专业构成表

序号	专业	学科	学校数/个
1	护理	医学	4
2	康复治疗学	医学	2
3	眼视光学	医学	1
4	药物制剂	医学	1
5	药学	医学	1

表3-15(续)

序号	专业	学科	学校数/个
6	医学检验技术	医学	1
7	医学影像技术	医学	1
1	园林	农学	2
2	园艺	农学	2
3	茶学	农学	1
4	风景园林	农学	1
5	林学	农学	1
6	生态学	农学	1
7	水产养殖学	农学	1
8	植物科学与技术	农学	1
1	应用化学	理学	3
2	数学与应用数学	理学	2
3	地理科学	理学	1
4	地理信息科学	理学	1
5	化学	理学	1
6	生物科学	理学	1
7	物理学	理学	1
1	学前教育	教育学	5
2	体育教学	教育学	2
3	小学教育	教育学	1

  由上述分析可以看出，现代职业教育本科人才培养所涉及的学科门类较为齐全，但是就学科内部的专业结构而言，还存在专业结构不合理、专业发展不均衡、制造业及相关产业发展的人才培养规模不足等问题。因此，需要我们从人才培养的内在规律出发，深入分析《中国制造2025》战略实施对现代职业教育本科人才需求的特点，以保证现代职业教育本科人才培养与社会经济发展的适应性，提高现代职业教育本科人才培养的质量，进一步扩大培养规模。

3.4 《中国制造2025》战略对现代职业教育本科人才需求的特点分析

我们根据《中国制造2025》战略规划对人才需求的表述，结合现代职业教育本科人才培养与经济发展的适应性及专业结构的协调性分析结果，从宏观和微观两个层面分析《中国制造2025》战略实施所需现代职业教育本科人才的特点，从而为现代职业教育本科人才培养体系的构建提供理论基础。

3.4.1 宏观层面

在宏观层面上，《中国制造2025》战略对现代职业教育本科人才培养的要求，主要体现在人才培养规模、结构和质量三个方面。

在现代职业教育本科人才培养的规模方面，我国现代职业教育本科人才培养尚处于起步发展阶段，高素质、高层次的专业技术技能人才、经营管理人才培养的规模较小，特别是对以新一代信息技术、智能技术为代表的高端制造领域人才的需求难以保障。因此，要扩大现代职业教育本科人才培养的规模，引导学校积极进行高端制造业及相关产业的专业设置，从而扩大制造业发展升级高层次技术技能型人才培养的规模和领域。

在现代职业教育本科人才培养的结构方面，《中国制造2025》战略的提出，为我国制造业的发展升级明确了目标、指明了方向，其中提出的五大重点建设工程、十大发展重点产业，也是当前我国制造业急需发展提升的关键领域，因此，作为《中国制造2025》战略实施的高层次技术技能型人才培养的主渠道，现代职业教育本科人才培养需要在专业设置、学科结构等方面与我国制造业发展升级的重点领域和产业对接，加大相关专业的人才培养规模，提高培养质量。从24所职业教育本科院校人才培养的现状可以看出，当前现代职业教育本科人才培养的专业设置对于制造业重点发展领域，如高性能医疗器械制造、新材料、海洋工程装备及高技术船舶等行业的相关专业缺失，使现代职业教育本科人才培养不能全面满足《中国制造2025》战略中关键领域发展对高层次技术技能型人才的需求，从而对现代职业教育本科人才培养的专业结构协调性和经济发展适应性造成不利影响。因此，需要引导高校进行相关专业的开设，形成满足制造业升级发展需求的现代职业教育本科人才培养的专业布局，为制造业发展关键领域的突破提供有效的人才支撑。

3.4.2 微观层面

《中国制造2025》战略的推进实施对现代职业教育本科人才培养微观层面的要求主要是指人才培养规格的内在规定性，是对高层次技术技能型人才培养成效的具体化，要求举办本科层次现代职业教育人才培养的院校，结合《中国制造2025》战略实施的人才需求特点，结合学校的办学特色，对人才培养的知识、能力和素质等方面所提出的相应标准和规格。

3.4.2.1 知识要求

与高等职业教育专科学生不同，本科层次的现代职业教育人才培养需要学生具备更加扎实的理论知识，可从基础知识、专业知识和综合性知识三个方面分析现代职业教育本科人才所应具备的知识基础。

（1）基础知识。掌握基础知识是专业知识学习、技术技能训练的前提。本科层次的现代职业教育人才培养需要加强对英语、数学、计算机等基础理论和知识的传授及学习，为学生打下扎实牢固的基础知识根基，从而使学生能够在后续的学习中游刃有余，激发学生学习兴趣，不断夯实知识基础。

（2）专业知识。职业教育应用性、职业性的特征使得专业知识在本科层次的人才培养中极为重要。专业知识的学习需要结合专业相关产业的发展变化进行及时的调整和优化，了解行业发展的新变化、新趋势，更新专业知识内容，使现代职业教育本科人才培养能够更加符合制造业发展升级的需要。此外，在注重本专业知识学习的同时，还要注重专业知识的拓展。当前，随着科学技术的不断进步，多行业的相互渗透、多学科的交叉发展已成为社会经济发展的新常态，单一的学科知识往往难以应对复杂的职业发展变化，因此，现代职业教育本科人才培养在注重本专业知识学习的同时，还应构建学生综合性、跨学科、跨专业的多领域知识体系，为学生应对复杂的生产经营一线实践打下良好的知识基础。

（3）综合性知识。除了基础知识和专业知识外，现代职业教育本科人才培养还要求学生学习和掌握日常工作生活中其他领域的综合性知识。对综合性知识的学习，能够为学生综合素质和职业素质的提升打下良好的基础。对综合性知识中所包含的知识学习工具、学习方法等知识的了解和掌握，能够进一步激发学生的学习兴趣，使学生更快地了解、学习专业知识，如计算机软件、互联网学习等工具均已成为当前学生知识扩展、学习的重要手段，而这些工具的使用则进一步提高了学生的学习成效。

3.4.2.2 能力要求

能力要求是指《中国制造2025》战略实施对所需人才应具备的能力和技

能的规定性要求。《中国制造2025》战略的推进实施，涉及制造业多方面的领域和行业，也需要生产性服务业等其他行业的支持和辅助，使不同行业与部门间的合作与沟通愈发频繁。同时，随着信息技术、数字技术、智能技术等现代科学技术的不断应用，制造业发展过程中新知识、新方法层出不穷，这就要求制造业从业人员必须具备良好的团队合作、沟通交流、信息处理、自我学习、革新创新等方面的能力，从而能够更好地适应《中国制造2025》战略推进实施所带来的行业、职业变化。《中国制造2025》战略中强调要注重高层次、急需的专业技术型人才的培养，而专业技术则与相应的行业和职业岗位对应，是人才培养过程中应用性、职业性培养的重点，这就要求学生具备更为深厚的专业知识和理论，能够进行相应的专业技术技能应用及创新。

3.4.2.3 素质要求

高素质人才队伍的建设是《中国制造2025》战略对相应人才保障体系的基本要求，素质要求是现代职业教育本科人才培养的重点关注内容。《中国制造2025》战略的实施要求现代职业教育本科人才培养应引导学生树立正确的职业价值取向，培养学生敬业、专注、创新等方面的职业品质，培养学生兢兢业业的职业精神和追求突破、勇于变革的创新精神，使学生形成做事严谨认真、专心细致的工作态度；要引导学生树立正确的人生观、价值观、世界观，不断提升思想道德修养水平，弘扬良好的道德传统，培养完善的人格和良好的心理素质。此外，《中国制造2025》战略的实施，对所需人才的素质要求还包括健康的身体素质和积极向上的心理素质两个方面，这就要求现代职业教育本科人才培养应加强学生体育锻炼，强健学生体魄，开展丰富多彩的校园活动，培养学生积极、乐观的心理素质。

4 对接《中国制造 2025》的现代职业教育本科人才培养体系的构建

高层次技术技能型人才是《中国制造 2025》战略的支撑和保障，而现代职业教育本科人才培养作为高层次技术技能型人才培养的重要渠道，还存在所培养的人才应用性不强、职业适应能力不高、就业困难等问题，其根本原因就在于现代职业教育本科人才培养体系的科学性与合理性不足，导致人才培养质量不高，不能满足现代制造业和相关产业升级发展的人才需求。因此，有必要对现代职业教育本科人才培养的体系进行创新，重新定位人才培养目标，对教学体系和实践体系进行优化设计，完善保障与评价体系，从而促进现代职业教育本科人才培养的质量持续提升，为我国制造业的升级发展提供高质量、高层次的技术技能型人才保障。

4.1 三维协同的人才培养机理分析

当前社会经济发展呈现出知识经济、数字经济的发展特征，互联网、物联网、智能化等新技术的出现极大地改变了原有的经济发展模式，这种社会经济的发展变化也对制造业及相关产业的人才培养提出了更高的要求。这就需要现代职业教育本科人才培养在顶层设计、行业促进、学校实施三个层面有机结合，充分发挥人才培养各要素的作用，形成人才培养的合力，切实保障人才培养质量的提高，满足我国现代制造业提升发展对高层次技术技能型人才的需求。基于此，我们借鉴三螺旋理论的相关原理[42]，根据《中国制造 2025》战略实施对所需人才的要求，结合人才培养的内在规律，充分发挥政府、行业企业、学校作为人才培养主体的作用，形成三维度协同的现代职业教育本科人才培养体系。该体系通过政府、行业企业和学校三方的相互作用、相互影响，形成三维度协同的现代职业教育本科人才培养合力，强调政府、企业和学校的互动关系，通过两两间构成的协同合作，共同保障现代职业教育本科人才培养规模的扩大和质量的提高。

在政府和学校的协同结构中，政府根据人才供需状况，结合高等院校人才培养的实际，制定相应的现代职业教育本科人才培养的规划和政策，为学校提供人才培养资金支持和制度保障，引导学校进行产教融合，促进学校人才培养与制造业升级发展人才需求契合度的提升，并进行人才培养质量和就业情况的测评和监督；学校则应充分贯彻落实政府的相关文件精神，抓住机遇，创新人才培养课程体系、教学手段、评价机制，保障人才培养质量不断提高。同时，学校能够向政府部门反馈现代职业教育人才培养的实施状况，便于政府部门及时调整、完善相关政策和制度。

在政府和企业的协同结构中，政府的重要责任是激励企业参与现代职业教育本科人才培养的积极性，通过出台相应的制度和政策，使企业能够在人才培养过程中获取一定的经济效益和社会效益，从而充分激发企业在人才培养中的主导性作用。同时，企业能够向政府及时反馈人才需求的现状及要求，使政府在人才培养相应政策的规划和制定上更为科学、有效。

在企业和学校的协同结构中，二者协同合作机制的良好发挥决定了现代职业教育本科人才培养的规模的扩大和质量的提升。作为现代职业教育本科人才培养的直接参与者，学校和企业能够利用各自的优势，共同进行人才培养的项目研发、技术创新、服务创新，在培养具备创新能力、应用能力的现代职业教育本科人才的同时，为企业带来实际经济效益，形成企业和学校的深度融合。

基于三维度协同的现代职业教育本科人才培养体系，其本质是一种非线性的螺旋型立体化人才培养模式，通过人才培养过程中的政策规划、制度设计、资源共享，实现政府、行业企业和学校三大主体的密切合作、有机结合，形成与《中国制造 2025》战略推进实施相适应的现代职业教育本科人才培养体系，如图 4-1 所示，从而有效提升现代职业教育本科人才培养的整体品质，实现社会经济、企业、学校、学生等多方面的价值共创共赢。

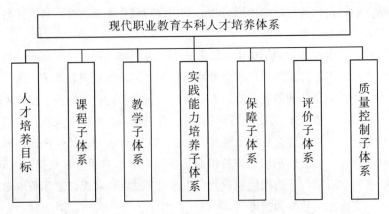

图 4-1　对接《中国制造 2025》的现代职业教育本科人才培养体系

4.2　培养目标的确定

培养目标是对人才培养规格和目的的根本性规定，是明确现代职业教育本科人才培养方向和规范的重要依据。对接《中国制造 2025》战略的现代职业教育本科人才培养目标的确定，需要探究职业教育人才培养的本质规律，体现现代职业教育本科人才培养的本质特征，以培养能够促进制造业及相关产业发展提升的适用人才为主要责任，能够根据制造业和相关产业的发展及时动态地调整人才培养目标，制定并采用科学的评估手段，强化人才培养的过程管理，保证人才培养目标的顺利实现。

现代职业教育本科人才培养目标的确定应体现对《中国制造 2025》战略推进实施所需人才的支撑作用，遵循培养德智体美劳全面发展、理论基础扎实、实践能力强、具有创新精神的高素质技术技能型人才的原则，坚持知识、能力、素质协调发展的人才培养理念，更新育人观念，以政府、行业企业、学校三维协同为基础，根据制造业及其相关产业的发展实际，及时更新教学内容，借助现代化、信息化的手段改革教学方法，积极利用和整合各层面的教学资源，实现政、企、校三方资源的共享与互通，提高学生的社会责任感，加强创新精神和实践能力的培养，为制造业的升级发展提供合格的高质量、高层次的技术技能型人才。

此外，现代职业教育本科人才培养目标的确定还应坚持以下原则：

（1）坚持应用型人才培养，坚定现代职业教育本科层次的人才培养定位，兼顾个性与共性的统一，体现教与学的统一；

（2）坚持以学生为中心的教育思想，体现先进的人才培养理念，以理论与实践相结合的人才培养手段，保障人才培养的技术技能性、创新性特征；

（3）体现现代职业教育本科人才培养的高层次性，突出人才培养的行业、职业特征；

（4）坚持人才培养与《中国制造2025》战略实施相匹配，与区域经济发展相适应，与学校办学特色相结合的原则。

4.3 课程子体系与教学子体系设计

4.3.1 公共课程体系的不适应性

长期以来，我国对于本科层次的人才培养，一直以学术性人才培养为目标，从学科角度设置专业和相应的课程体系，已形成了一套完整的基于学科发展的人才培养课程体系相关制度和标准，即"通识教育课程+学科大类课程+专业教育课程"再辅以"选修课程"的"三层+选修"课程体系[43]。这种"三层+选修"的课程体系，具有明显的学科性特征，当前职业教育本科人才培养沿用该课程体系设计的模式，造成了职业教育本科人才培养课程体系目标确定的困难、课程设置的错位，不利于人才培养目标的达成。具体而言，沿用以往普通本科人才培养理念所设计的课程体系与职业教育本科人才培养的不适应性表现为以下方面：

第一，课程体系的职业性特征不足。沿用普通本科人才培养的课程体系，使得本科职业教育课程体系在产业领域的职业群、岗位群等方面的针对性不足。该课程体系的设计主要是由高校教师以学科体系为依据，按照相关文件（制度）的要求进行课程体系设计，尽管行业、企业相关人员有所参与，但是也仅限于课程设置和教学方法（手段）的建议，具体的课程体系结构、层次等方面没有涉及，课程体系的重点仍然在于学生专业理论知识的学习以及对技术技能的认识，造成课程体系实施后，学生对专业相关职业群和岗位群具有的共同特征、关键知识和技能的应用、创新不足。这在很大程度上扭曲了职业教育本科人才培养的课程目标，忽视了本科职业教育职业性、应用性的要求，无法在人才培养中体现出本科职业教育的根本特征，所培养的人才既不是职业教育人才，也不符合学术性人才的要求，无法实现职业教育本科人才培养目标和职业教育本科高层次技术技能型人才培养的功能定位。同时也应当看到，在高等职业教育原有课程体系基础上简单地增加一年的专业理论课程，尽管课程体系对相关专业的职业群、岗位群有一定的针对性，但是其课程体系在培养学生知识、理论学习深度、广度以及创新能力方面的固有欠缺，造成本科职业教育所培养的人才职业发展潜力偏小、职业晋升及发展空间狭窄等问题。因此，无论是沿用普通本科人才培养的课程体系还是在高职专科课程体系上简单地添加理论课程，均不能有效达成职业教育本科人才培养的目标，无法有效保证其人才培养职业性的实现，从而对职业教育本科人才培养质量的提高带来不利影响。

第二，课程体系设计与经济发展的适配性不足。本科职业教育作为社会经济发展、地方产业升级所需求的技术技能型人才的重要供给渠道，其课程体系的设计应与地方社会经济、产业发展所需的人才类型及技术技能要求相适应。当前，本科职业教育在人才培养目标方面已明确服务地方社会经济发展所需应用型人才供给的职能，在专业设置方面也关注地方社会经济发展的重点行业和领域，同时也注重所设置专业的应用性特征，但是在具体课程体系设计时，则忽视了服务地方社会经济发展的要素，按照普通本科人才培养的课程体系进行设计，造成本科职业教育与普通本科课程体系的区别辨识度不高，多数课程雷同。这既不能体现本科职业教育人才培养的根本特征，也无法体现本科职业教育服务地方社会经济发展的重要属性，割裂了人才培养目标和课程体系实施之间的必然联系，造成本科职业教育满足地方社会经济发展应用型人才供给的职能发挥不足，降低了本科职业教育人才培养的社会认可度和美誉度，不利于本科职业教育的高质量发展。

第三，高层次的技术技能培养特征不明确。一方面，当前的本科职业教育课程设置往往对某项具体的操作技能关注度较高，课程体系设计则对专业领域内相关技术技能的关联性和综合性重视不足，课程间的关联不高，造成学生仅熟练掌握某一项或几项操作技能，对技术技能的认知和领悟深度不足，使得学生在走上工作岗位后，对专业领域内不熟悉的技术技能学习困难、上手较慢，对技术技能的革新、创新更无从谈起，阻碍了学生职业生涯发展潜力的提升。另一方面，有研究发现，我国大学本科教育中课程体系存在扁平化的问题[44]，由于本科职业教育多参照普通本科进行课程体系设计，因此，同样也存在课程体系设计的梯度不合理，学生知识、能力培养的阶段化不明确等问题。职业教育本科人才培养目标的实现是不同阶段目标有效达成的综合体现。当前，本科职业教育对于人才培养的阶段化知识、能力的目标认识模糊，没有明确设定不同阶段学生应学习的知识、理论及应具备的技术、技能，使得相应课程体系设计中的课程难度递升阶梯性不明显。随着学习年限的上升，课程并没有在难度和挑战度方面有明显的提升，导致学生在大学学习中对技术技能的综合性、探讨性训练和培养不足，知识综合、技术集成及创新能力培养提升的效果甚微，技术技能培养的高层次性不足。

第四，课程体系比例失衡。课程体系比例失衡主要是指课程体系内部相应类型课程设置的比例不协调，不能有效促进学生理论知识的学习和掌握、技术技能的训练和习得。本科职业教育的相关课程按属性不同可分为理论课程和实践课程两个基本类别，而课程体系比例失衡则主要体现于同类型课程设置的不合理以及不同类型课程所占比例的不协调两个方面。一方面，对于同类型课程而言，在理论课程中，跨学科课程及具有一定理论深度的挑战性课程设置不足，不能有效激发学生从不同角度进行所学知识和理论的反思，影响了学生对所学知识的整体认知深度和广度，不利于学生思考能力、创新能力的形成和提升，导致学生在毕业后职业生涯发展潜力不足；在实践课程中，高年级实践课程的综合性、研究性技术技能课程不足，导致学生往往能够依据操作规程操作相应的设施和设备，而对所学技术技能的灵活运用及创新思考有所欠缺，从而对学生职业生涯的发展提升造成不利影响。另一方面，课程比例的失衡体现为理论课程和实践课程间的比例不协调。尽管本科职业教育在试点伊始就强调技术技能的习得，加强实践类课程，但是其所参照的学科型课程体系设计框架导致本科职业教育理论课程设置相对较多，理论课程选择的精炼性不强，使得学生虽然学习了较多的理论课程，但是对理论知识和技术技能的运用及创新能力提升不大，反而挤占了实践课程的课时，影响了职业教育本科人才高层次技术技能培养成效的提高。

4.3.2　课程子体系设计

课程子体系的设计应以《中国制造 2025》战略实施的人才需求特点为出发点，明确每门课程或每个培养环节在实现培养目标和毕业要求中的作用，分析各类课程之间、先修课程与后续课程之间的逻辑衔接关系，构建科学严谨的课程体系逻辑结构，紧紧围绕专业培养目标，减少对培养目标支持性不高的课程，增加选修课程，拓展学生自主学习和个性选择的空间，并通过多元评价的方式和持续改进的机制，促使课程体系不断优化。

根据本科层次现代职业教育体系课程的分类及要求，结合《普通高等学校本科专业类教学质量国家标准》的要求，突出学生理论知识学习、应用能力培养、综合素质提高的培养理念，现代职业教育本科人才培养的课程子体系包含 5 大类、9 小类课程。具体的课程结构如图 4-2 所示。

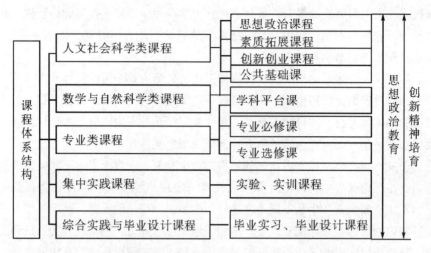

图4-2 现代职业教育本科人才培养课程子体系结构

（1）人文社会科学类课程

人文社会科学类课程是人文科学课程和社会科学课程的总称，旨在培养学生的综合素质，提高学生的科学文化修养，主要包含哲学、经济学、法学、教育学、文学、社会学等领域，涉及思想政治、素质拓展、创新创业、公共基础类课程。

①思想政治课程

思想政治课程是用马克思主义理论教育培养学生，其目的在于使学生具备良好的思想品德、道德规范，具有现代社会公民意识，树立辩证唯物主义世界观、乐观积极的人生观和科学正确的价值观。

②素质拓展课程

素质拓展课程主要是指利用第二课堂，借助学生社团、兴趣小组等开设的课外活动课程，旨在培养学生积极进取的人生态度、团队合作精神、良好的沟通能力及社交能力。

③创新创业课程

创新创业课程是指为了培养学生的创新精神而专门开设的相关课程，旨在使学生了解创新的相关理论、掌握创新方法和技巧、了解创业的相关经验、熟悉创业的流程，更为系统、科学地培养学生的创新创业能力。

④公共基础课程

公共基础课程是指能够满足多专业学生共同学习的相关课程，是本科人才培养中理论知识基础的重要组成课程，其课程目标是能够使学生掌握认识世界、改造世界的基本理论和知识，主要包含大学语文、文化修养等人文素质培养特性明显的课程。

（2）数学与自然科学类课程

数学与自然科学类课程旨在使学生能够掌握研究自然科学现象的量化手段和量化方法，主要包括公共基础课程和学科平台课程。

①公共基础课程

对于数学与自然科学类课程而言，公共基础课程主要是指高等数学、大学英语、大学物理等相关课程。

②学科平台课程

学科平台课程是反映同一学科门类下各专业共性的专业基础理论课程，是从事专业相关领域工作的必要基础性课程。对于数学与自然科学类课程而言，学科平台课程是指与认识世界、改造世界基础知识、基本理论有关的课程。

（3）专业类课程

专业类课程是指涉及产业、专业领域研究和应用方向的相关课程，是培养学生从事专业领域相关行业、职业、岗位工作的必要理论知识和技术技能的课程，主要包括学科平台课程、专业必修课程、专业选修课程。

①学科平台课程

对于专业类课程而言，学科平台课程是指该类课程中包含的理论知识是该专业所属学科要求必须了解和掌握的基础知识和理论。学科平台课程具有一定的专业性、学科基础性特征。

②专业必修课程

专业必修课程涉及学生从事相关产业、职业工作所必须掌握的专业知识和技术技能，其开设方式为必修课。专业必修课程应集中体现专业特点，能满足培养专业人才所必备的理论知识、专业思维方法和技术技能要求。

③专业选修课程

专业选修课一般代表了该专业的分支和发展前沿，因此，专业选修课以突出培养特色为主旨，以产业发展热点、学科前沿、专业特色课程为主要内容，学生可结合自身的兴趣进行选择学习，体现现代职业教育本科人才培养以学生为本的育人理念。

（4）集中实践课程

集中实践课程主要是指为了提高学生的实践应用能力，集中进行实践学习和训练的课程。集中实践课程是学生对所学专业理论知识认知和应用的初步学习课程，在现代职业教育本科人才培养中主要体现为实验、实训类课程。实验课程主要是让学生感性地认知所学专业涉及的知识和理论，而实训课程则是学生对所学专业涉及的技术技能和工具、设备的认知与操作以及对职业环境的了解和熟悉。

需要指出的是，现代本科职业教育强调人才培养的应用性和职业性，而实训类课程正是职业教育人才培养实践能力培养的特色课程，因此，现代职业教育本科人才培养应注重实训类课程的开设与教学，以产业、职业、岗位的实际项目和任务为依据，开设相应的实训课程，以体现人才培养的应用性、职业性。

（5）综合实践与毕业设计课程

综合实践课程是学生能够将所学知识和理论在实践中进行初步实践应用的课程，包括毕业实习、金工实习等课程，而毕业设计课程则是对所学知识、理论实践应用的总结、体会与创新，是实践应用的更高层次，也是检验学生是否达到本科人才培养目标的重要依据。

需要指出的是，在现代职业教育本科人才培养的整个课程体系设计中，思想政治教育和创新精神的培育，不是仅靠一两门课程就能完成的，需要将思想政治教育和创新精神培育贯穿于整个课程体系，潜移默化地提升学生的思想政治修养水平，提高学生的创新创业能力，保障人才培养质量的不断提高。

4.3.3　教学子体系设计

教学是教师引导和组织学生学习理论知识、技术技能的人才培养活动，是课程体系发挥人才培养功效的主要途径。教学方法选择和应用是否得当，会极大地影响教学质量和学习效果，因此，有必要针对相应的课程体系，分析不同教学方法的特征，构建现代职业教育本科人才培养的教学子体系，从而为对接《中国制造 2025》的现代职业教育本科人才培养教学活动提供科学的参考依据。我们根据制造业发展升级的具体要求，结合现代职业教育本科人才培养的特征，借鉴相关研究成果[53-54]，构建了教学体系。整个教学体系由教材选择、教学方法应用、教学评价三部分构成，如图 4-3 所示。

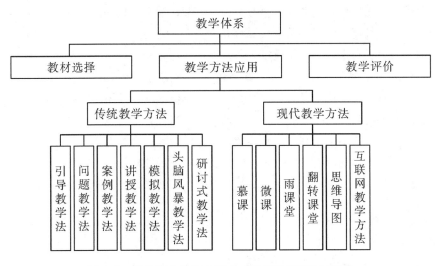

图 4-3 现代职业教育本科人才培养教学子体系结构

（1）教材选择。教材是学生学习理论知识的重要工具，在人才培养过程中扮演着不可或缺的重要角色。在选择教材时，应基于现代职业教育本科人才培养的目标，根据课程的性质，结合学生的特点选择合适的教材。但是，由于现代职业教育本科人才培养尚处于起步阶段，相关的教材还不成熟，现有大多数本科教材偏向于理论知识的讲解，应用与实践的内容缺失，导致现代职业教育本科人才培养教材的选择范围较小。鉴于此，在实践中，可选择一些国家级的规划教材，辅以国内外较为著名的实践资料进行教学，以取得相对较好的教材选择效果。

（2）教学方法应用。一般而言，按照教学方法的应用情况，可以将教学方法分为传统教学方法和现代教学方法。传统教学方法包括引导教学法、问题教学法、案例教学法等，而现代教学方法则是现代化的教学方法和手段的综合应用。无论是传统教学方法还是现代教学方法，都有其教育教学的适用性，在教学中具有不同的功效和作用，因此，在现代职业教育本科人才培养中需要综合运用不同的教学方法，争取能够达到最优的教学效果。在具体实践中，对于传统的教学方法而言，可以将一节课的讲授作为对象，借鉴生命周期理论，将其分为课前、课中、课后三个阶段，实现学生的课前预习、课中学习、课后总结的整体学习过程。对于现代教学方法而言，则可以将其融入传统教学方法当中，教师可以运用现代化、信息化的教学手段和工具，更为逼真地模拟实践工作场景和职业状况，充分调动学生的学习兴趣，让学生更好地学习知识，增强传统教学方法的应用效果。如慕课、微课等教学方法的应用能够为学生提供无时间限制、无地域限制的线上学习平台，能够让学生更为方便有效地进行理论知识和技术技能的学习以及查找课程相关资料。线上线下相结合的学习方式，能够有效地提高学生的学习质量。

（3）教学评价。教学评价是整个教学子体系的评价反馈环节，能够使教师及时了解教学情况并做出相应的调整，从而保证教学效果不断提高。具体而言，教学评价包含两个构成部分，即学生的反馈和教师自身的反思。学生可以通过与教师沟通、随堂测验以及课堂教学方法问卷调查等形式进行教学过程情况的反馈，而教师则需要进行课后的反思，对教材选择、教学方法的应用进行深入的分析，找出应用中存在的问题，不断完善教学过程、调整教学方法、提高教学质量。

4.4　实践能力培养子体系设计

实践能力培养需要在相应的实践教学场所完成，根据实践教学场所的性质，可将其分为校内实践教学基地、校外实践教学基地和公共实践教学基地三类。三类实践基地各有特点，适用于不同的实践教学阶段和能力培养层次。现代职业教育本科人才培养以这三类实践教学基地为基础，通过对相关资源的整合与优化，充分利用三种实践基地的特征和资源，形成以产教融合为基础的，三种实践基地有机结合、相互补充的职业教育本科人才实践能力培养子体系，为学生应用能力、实践能力的培养提供良好的实践教学平台和环境。具体如图4-4所示。

实践能力培养子体系主要包含能力层次、教学目标、实践基地和实践教学环节四个模块，其中能力层次模块是学生知识技能应用能力培养的阶段划分，包含基础应用层次、专业应用层次和职业应用层次三个实践能力培养的阶段；教学目标模块是与现代职业教育本科人才培养目标相适应的实践能力培养目标；实践基地模块是实践能力的培养场所和硬件条件，其实践能力培养层次和教学目标相对应；实践教学环节则是现代职业教育本科人才应用能力、实践能力培养的相关课程和环节。由图4-4可以看出，不同类型的实践教学基地匹配于不同的实践教学坏节和课程，从而完成不同层次的技术技能应用能力培养，实现不同层次实践教学目标，形成开放的、动态适应的现代职业教育本科人才培养应用能力、实践能力培养的有机体系，完成人才培养过程中理论知识应用、技术技能实践乃至创新的培养过程。四个模块间具体的互动机制可通过能力层次模块中不同阶段的实践能力培养过程进行分析。

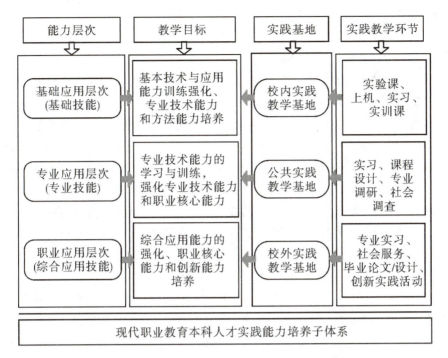

图 4-4 现代职业教育本科人才实践能力培养子体系结构

4.4.2.1 基础应用层次

基础应用层次是现代职业教育本科人才实践应用能力培养的基础层,是对学生专业技术技能进行基础的实验和操作能力的培养,是学生对所学专业理论知识的验证和理解阶段,该阶段实践教学环节设计应结合学生所学的基本理论和基础知识,强化对专业基本概念和原理的掌握,相应的教学环节主要包括实验课、上机、实习和实训课,实践教学的场所以校内实践基地为主。

虽然基础应用层次的实践能力培养强调对专业基础理论知识和技术技能的认识与理解,强调基本动手操作能力的培养,但是在实践教学课程设计时,也应注重职业素质和岗位职责有关内容的融入,从而使学生在接受基本的专业应用能力、实践能力培养时就能对职业、岗位工作任务有初步的认知,受到职业素质养成的熏陶,促进学生良好职业道德、职业素质的培养和育成。

4.4.2.2 专业应用层次

专业应用层次是实践能力培养中的第二层次,要求学生在具有一定的基础知识认知和技术技能操作能力的基础上,进行专业技术技能训练和实践,旨在重点培养学生对专业和职业相关理论知识和技术技能的认知及应用操作能力。该层次实践应用能力的培养主要包含课程设计、专业实习、专业调研、社会调查等环节。

（1）课程设计

课程设计实践教学环节通常与理论教学环节相互配合。在理论课程授课过程中，根据技术技能应用与实践的培养目标，可布置课程设计的相关任务，让学生提前准备；在课程设计具体实施时，教师给出具有一定专业性、应用性的实践教学任务书和指导书，设计多个实践应用选题，供学生选择；学生根据自己所选的设计题目，以自身所学理论知识和技术技能为基础，结合查阅和分析的相关资料，形成初步实践应用设计方案，并与指导教师进行商讨，不断完善和修改实践应用方案，直至完成设计。课程设计实践教学环节，需要注重专业技术技能和专业理论知识应用的实践能力培养与训练，明确学生的实践学习目的，充分发挥学生的自主能动性，调动学生的积极性，以保障课程设计教学环节学生技术技能应用培养与训练的教学效果。

（2）专业实习与专业调研

专业实习与专业调研是学生准职业能力形成的重要环节，通常结合学生所学专业课程知识，在生产实践一线进行考察和调研活动，一般通过公共实践教学基地或企业实习基地实施。该环节的实践教学不仅能使学生更加深刻地掌握课堂所学知识，还能使学生对所学专业知识及岗位职责有更深层次的了解，为学生综合实践应用能力的培养打好基础。教师应在专业实习和专业调研环节发挥指导作用，给出实习的目标和调研的方向，供学生参考，提高专业实习、专业调研的实践效果。

（3）社会调查

社会调查是根据学生所学专业知识和兴趣爱好而进行的与专业相关的行业、职业的调查研究。在具体实施过程中，教师可给出社会调查的参考目标，并给予及时的指导，避免社会调查的盲目性。学生在调查过程中应积极思考、总结，根据调查结果针对调查对象出现的问题给出解决方案和优化建议，并形成相应的调查报告，从而提升学生专业理论知识和技术技能的应用能力，促进学生创新能力的培养。

4.4.2.3 职业应用层次

职业应用层次是现代职业教育本科人才应用能力和实践能力培养的第三层次，其主要目标是培养学生专业知识和技能的综合应用能力、实践能力、创新能力，是学生在毕业之前，对将来可能从事的职业、岗位的感性认识和基本了解。该层次主要包括毕业实习、毕业论文/设计、社会服务和创新实践活动等，主要通过校外实践教学基地来进行该层次技术技能应用能力的培养。

（1）毕业实习

在安排学生毕业实习时，应当注重实习的实效，而不是用参观形式来代替。毕业实习要求学生必须到专业所属产业或相近的企业进行实习，是学生在生产实践一线，对所学专业知识和理论、专业技术技能的综合应用，要求学生能够按实习要求完成毕业实习教学环节，并及时进行总结，完成相应的实习报告。在毕业实习时，需要学校教师和企业导师给予学生毕业实习的指导，对其在实习过程中出现的问题及时予以解决和引导，保证毕业实习教学环节的顺利实施。

（2）毕业设计/论文

毕业设计/论文是现代职业教育本科人才培养应用能力、实践能力和创新能力的综合运用与体现，是学生在四年高层次技术技能型人才培养后的结果呈现。该环节的实施需要根据学生的专业学习情况及学习兴趣，由学生与教师共同确定毕业设计/论文题目，让学生在毕业设计/论文环节能够以生产实践一线的实际问题为研究对象，综合应用所学的理论知识和技术技能，在解决实际问题的基础上进行一定的创新，从而高质量地完成毕业设计/论文实践教学环节。该教学环节的有效实施，能够让学生的实践应用能力在走向社会的最后一次练兵中得到切实提高，为将来的职业岗位工作奠定坚实的基础。

（3）社会服务和创新实践

近年来，许多大学生创新实践基地和大学生创业服务基地的成立，为该环节实践教学的实施提供了便利条件，社会服务和创新实践活动可以借助大学生创新、创业实践基地，引导学生的兴趣与爱好，激发学生对所学知识的深层次实践应用欲望，进而提高学生职业应用能力的培养成效。此外，社会服务和创新实践活动，还可以让学生利用课堂之外的时间进行学习和实践，形成对课堂教学的有效补充，在加深学生对生产工艺、操作方法、服务流程的理解和认知的同时，也使学生的实践应用能力培养得到有效的提高和锻炼。

综上分析，以三个层次的技术技能应用能力培养为主线，将应用能力、实践能力、创新能力培养作为现代职业教育本科人才培养的关键着力点，把实践能力培养的内容贯穿于三个能力培养层次之中，形成三层次联动的实践能力培养有机整体，可以保障现代职业教育本科技术技能型人才培养的应用性、职业性、高层次性和创新性。

4.5 评价子体系设计

评价子体系是人才培养质量不断提升、人才培养目标达成的重要保障，其主要功能是对现代职业教育本科人才培养各要素机制发挥情况进行科学、客观、系统的分析和评价，考量人才培养目标的科学性、培养方案的系统性，以及政、企、校三方在人才培养过程中作用机制的发挥状况，从而找出人才培养过程中存在的问题，针对不足和偏差分析原因、总结经验，并进行及时有效的信息反馈。从人才培养的过程性角度而言，现代职业教育本科人才培养的评价子体系包含三个构成部分，即培养目标的评价与优化、人才培养过程的评价与优化以及人才培养社会效益的评价与反馈，如图4-5所示。

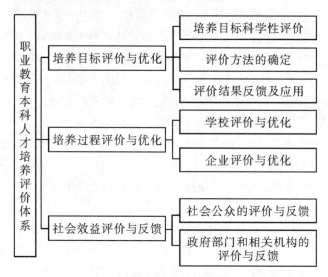

图4-5 现代职业教育本科人才培养评价子体系结构

4.5.1 培养目标评价与优化

人才培养目标的确定是人才培养的起点，同时也是人才培养质量提升的前提。对培养目标的评价及优化，可根据人才培养需要，结合制造业及其相关产业发展的实际，确立现代职业教育本科人才培养目标的动态调整机制，可每年进行一次评价信息的收集工作，每四年进行一次培养目标的整体修订，保证人才培养的适应性和方向性。人才培养目标的评价和优化主要包含以下内容：

4.5.1.1 培养目标科学性评价

人才培养目标的科学性评价主要是对现代本科职业教育人才培养目标确定的合理性、吻合性进行的分析和评估，具体可从四个方面以不同角度进行培养目标科学性的评价与分析，即培养目标与地方社会经济发展人才需求的匹配度、培养目标与制造业升级发展需求的协调度、培养目标与学校办学定位之间的适应度以及培养目标与专业发展定位之间的耦合度。

4.5.1.2 评价方法的确定

正确、合理地选取评价方法是现代职业教育本科人才培养目标科学性评价的内在要求，人才培养目标的评价需要兼顾不同层面的意见，采用不同评价手段相结合的方式进行综合性评价，从而能够获得更为科学的评价结果。具体实践中，应通过调研、座谈、问卷等形式，对用人单位、行业协会和已毕业的学生进行培养目标科学性与合理性评价信息的收集，再通过人才培养相关专业机构（教学指导委员会、专业建设指导委员会等组织）进行评价信息的整理和评价结果的给定，同时，改变以往单纯由教师进行评价的形式，引入企业、行业等领域的专家和高级管理者参与，最终确定培养目标的评价意见。

4.5.1.3 评价结果反馈及应用

针对评价结果进行反馈并实现相应的调整和完善是评价子体系功能有效发挥的重要保障。首先，对于评价结果应建立有效的反馈机制，畅通反馈信息通道，能够将评价结果全面完整地传达到人才培养的各个层面，明确当前人才培养目标的问题所在，保证人才培养目标确定的科学性；其次，人才培养目标的调整和完善需要经过多层面的慎重论证，因此，应建立人才培养目标的调整和完善机制，保证评价建议能够被科学、有效地落实，真正完成评价→反馈→完善的过程。

4.5.2 培养过程评价与优化

培养过程的评价与优化是评价子体系的主体，是保证人才培养质量、确保人才培养目标实现的关键。构建由学校教师、企业专家组成的评价机构，对人才培养状况进行科学、系统的评价，诊断培养方案、教学计划、教学过程中存在的问题与偏差，为正在进行的人才培养相关活动提供反馈信息，并对相应的课程和培养方案进行优化，进而保证现代职业教育本科人才培养质量的不断提高。

4.5.2.1 学校评价与优化

学校层面人才培养过程的评价主要是指通过考核、考试等手段反映学生对知识、理论和技能的掌握情况。现代职业教育本科人才培养的评价与传统的"一张考卷定输赢"不同，更加强调过程性评价，强调学校、企业参与的综合性评价。因此，在人才培养过程中要强化学生在校学习过程的考核，及时发现人才培养中的问题，并予以完善和调整。具体涉及理论课程评价、实践课程评价和学生课外活动评价三个部分的内容。

首先，理论课程评价与优化主要考查学生专业理论知识的掌握情况。现代职业教育本科人才培养，要求改变单纯进行理论讲述、知识灌输的"填鸭式"教学模式，在进行知识、理论传授的同时，引入鲜活的企业实践案例进行分析，积极尝试和应用先进信息技术手段进行教学，从而能够提高课程的吸引力，激发学生的学习兴趣，提升课堂学习的效率。教学方式的改变也要求考核方式随之变化，加强对学生学习过程的考核，提高平时成绩占比，能够较好地促进教师对平时授课的责任感，改变学生考试前突击复习应付考试的不良学习习惯，强化人才培养的过程性，确保学生在学习过程中得到学习能力、创新能力和综合素质的提升。

其次，实践课程评价与优化。实践课程特别是实习类课程、企业岗位实践类课程的评价需要引入企业专家，与学校教师同时进行相应的学习效果考核。企业专家可注重学生实践类课程学习训练的具体过程，并进行相应的辅导与评估，而学校教师则进行学生课程结束后相关总结和报告的评估，二者结合考评给出学生最终的实践课程评价结果，从而有效促进实践课程人才培养功能的发挥，督促学生进行实践课程的操作训练，切实提高实践课程对学生应用能力、实践能力和综合素质的培养效果。

最后，课外活动评价与优化。课外活动评价是学生在校学习过程中，课余时间利用状况和学习情况的反映，也是学生锻炼团队合作、有效沟通等职业核心能力的重要途径。对课外活动的评价应注重创新创业精神培养、职业素质养成等方面的内容，从而为学生的职业生涯发展打下良好的基础。

4.5.2.2 企业评价与优化

企业特别是制造业及相关产业的企业和组织在现代本科职业教育人才培养中的评价及反馈，是企业发挥对本科层次现代职业教育人才应用能力、实践能力、创新能力培养功能的重要表现。企业层面人才培养的评价与优化主要包含两个方面：

第一，在参与学校人才培养过程评价方面，企业可以将岗位职责、业务流程、工作标准等生产经营一线的相关内容推介给学校的人才培养过程评价，实现在考核评价环节中企业与学校间的相互配合与协作，让学生在学校学习期间就能够了解和熟悉企业的相关业务流程和岗位责任，提升学生毕业后职业、岗位工作的上手能力。

第二，在企业自身人才培养过程评价方面，企业可引入高校的智力资源，结合企业的生产经营特征及工作实际，建立科学合理的人才使用、提拔和评价机制，及时发现人才、培养人才，为企业的发展储备更多优秀的高素质技术技能人才。

4.5.3　社会效益评价与反馈

社会效益评价与反馈是指对现代本科职业教育所培养人才社会认可程度的评价与反馈，主要包含社会公众的评价与反馈、政府部门和相关机构的评价与反馈两个部分。

4.5.3.1　社会公众的评价与反馈

社会公众对人才培养状况和质量的认可程度能够影响学校的办学声誉和名望，进而影响专业发展潜力和生源质量。因此，要及时收集公众对人才培养认可程度的相关信息，密切关注社会经济发展实际以及制造业发展提升对人才规格和人才层次的要求，调整办学定位，强化人才培养的创新性和应用性，增强学生的就业质量和职业发展潜力，从而提高社会公众对现代职业教育本科人才培养的认可度和美誉度，进而吸引更多企业和高校参与现代职业教育本科人才培养，形成人才培养质量提升→企业、高校参与意愿增强→公众认可程度提高的良性循环。

4.5.3.2　政府部门和相关机构的评价与反馈

政府部门对现代职业教育本科人才培养状况及质量的评价，会极大地影响现代职业教育本科院校办学发展的政策制定与资金投入，因此，政府部门的评价对现代职业教育本科人才培养具有极为重要的激励作用。政府部门的评价，既包含对现代职业教育本科人才培养的例行评估（如教学评估、学科评估等），也包含对人才培养过程中的技术技能培养状况、应用能力和创新能力培养成效等方面的专门性评价。相关机构的评价主要是指第三方机构对现代职业教育本科人才培养状况的评价，可由政府部门委托进行，也可由学校委托进行，评价的内容主要集中于人才培养的总体成效评价、技术技能培养、应用能力培养、创新能力培养评价等方面，以便采取措施调整和完善人才培养体系。政府部门、相关机构的评价可以结合运用，充分发挥各自的功能，从而保证现代职业教育本科人才培养质量的不断提高。

4.6 保障子体系设计

随着《中国制造 2025》战略实施对高层次技术技能型人才的需求不断增多，现代职业教育本科人才培养规模扩大和质量提升的迫切性愈发强烈，这就需要加快其人才培养的保障体系建设，不断整合、优化人才培养各个层面的资源，从政府、行业企业、学校三个维度的有机融合、相互协调出发，在政策制度、人力（师资保障）、物力（硬件保障）、财力（资金保障）和软环境营造五个方面，对现代职业教育本科人才培养支撑保障体系进行全面提升和完善，从而不断促进现代职业教育本科人才培养的规模扩大和质量提升。现代职业教育本科人才培养保障子体系的构成如图 4-6 所示。

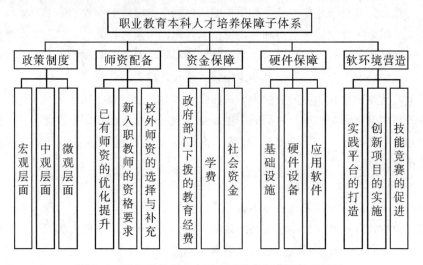

图 4-6 现代职业教育本科人才培养保障子体系结构

4.6.1 政策制度支持

现代职业教育本科人才培养的主要矛盾在于良性发展应然需求与客观现状实然差距的制约，这方面既有历史的、体制积习的原因，也有政策改革不力、执行不到位等因素的影响。要保证现代职业教育本科人才培养的规模扩大和质量提升，就需要整合和优化各层次的教育资源，从宏观、中观、微观三个层面进行相关政策制度的完善。

4.6.1.1 宏观层面

宏观层面的政策保障主要是指国家层面出台的与制造业发展和现代职业教育本科人才培养相关的政策和制度。为了保障现代职业教育本科人才培养探索的积极性和有效性，国家应出台针对现代职业教育本科人才培养的政策规划，鼓励高校进行相应的人才培养探索，激发企业参与人才培养的积极性，从而在顶层设计方面明确现代职业教育本科人才培养的应用性和职业性特征。

4.6.1.2 中观层面

中观层面的政策制度保障主要是指地方政府相关政策的完善以及行业领域相关制度的支持。

对地方政府而言，具体的政策支持可分为两个方面，即直接的政策支持和间接的政策支持。在直接的政策支持方面，地方政府可以出台针对现代职业教育本科人才培养的保障支持政策，促进人才培养规模的扩大和培养质量的不断提高。在间接政策方面，地方政府可以出台相关领域的政策制度，间接促进现代职业教育本科人才培养品质的提升。例如加大科技创新立项的支持力度，引导企业以参与学校项目活动、科技创新活动的方式促进现代职业教育本科人才培养质量的提升；优化科技成果转化政策，构建链接企业、金融机构、大学、科研院所等科技创新活动参与主体的成果共享平台，鼓励教师和学生借助平台进行技术技能研发、创新，从而在保障科技成果研发、创新、应用转化的同时，进一步提升教师和学生的应用能力、实践能力、创新能力。

行业领域相关政策制度对现代职业教育本科人才培养的保障支持作用主要体现为行业联盟和协会出台的行业、职业、岗位标准和规范以及制定并颁布校企合作指导意见、构建校企合作平台等。行业、职业、岗位标准及规范，能够为职业教育本科人才培养规格的确定提供科学的参考依据，能够使学校将相应的行业标准融入人才培养过程，提高所培养人才的职业适应性，而校企合作指导意见和校企合作平台的建设，都能够为校企间的深层次合作提供有效的渠道和保障，从而极大地促进现代职业教育本科人才培养应用能力、实践能力的提高。

4.6.1.3 微观层面

微观层面的政策制度保障主要是从学校、企业两个方面所实施的有关现代职业教育本科人才培养的制度支持。

学校作为现代职业教育本科人才培养的关键主体，其相应制度的完善与否对人才培养质量具有重要影响，具体体现在教学制度、管理制度、评价制度等方面。在教学制度方面，制定教材、教案审定制度，保证人才培养知识内容的科学性和新颖性；完善试讲、示教制度则有利于丰富教师的教学手段和教学方法，提升教师的教学能力。在管理制度方面，通过出台相应的制度措施，不断优化和调整现代职业教育本科人才培养的管理方法、管理手段，从而有效激发人才培养的积极性。在评价制度方面，则应改变以往僵化的、不科学的评价指标和评价方式，注重学生应用能力、实践能力培养的评价，激发教师的教学积极性；对职称晋升制度进行创新，变革其评价指标，体现并突出教师评价指标中的技术技能应用能力、实践能力、创新能力等特征，促进教师评价机制不断完善。

对企业而言，可从实践基地建设制度、校企合作科研制度、互派师资制度等方面促进企业在现代职业教育本科人才培养过程中相应功能的发挥。通过实践基地建设制度，企业可以对校内实践基地的建设给予指导建议，与学校合作进行校外企业实践基地的建设，积极参与公共实践教学基地的建设；通过校企合作科研制度，能够促进校企间的深层次合作，促进学校教师和企业专家间的技术技能革新创新合作；而互派师资制度，则能够在薪酬、工作制度等方面鼓励企业专家到学校兼职，学校教师到企业进行专业知识的培训和提升。

4.6.2 师资保障

根据《中国制造 2025》对相关行业人才能力和素质的需求进行相应的师资力量配备与优化，打造一支结构合理、高质量的技术技能型人才培养师资队伍，以有效促进现代职业教育本科人才培养质量的不断提高。具体而言，师资力量的保障主要包含三个方面的内容：

4.6.2.1 已有师资的优化提升

对已有师资力量的优化和提升是当前现代职业教育本科人才培养师资力量配备提升的重要关注点。不同类型的院校已有师资力量提升的重点各有所不同。对于地方普通本科高校转型发展而言，已有教师在知识、理论方面的认知较为深刻，而其在应用领域的实践能力则相对薄弱，因此，地方普通本科高校应更加关注教师技术技能实践应用能力的提高。对于举办本科人才培养的高等职业教育专科院校而言，由于其高职院校的办学背景，教师的理论知识认知相对薄弱。因此，举办本科人才培养的高等职业教育专科院校现有师资力量提升更应关注教师的学历、学位的提高。需要指出的是，师资力量的优化提升需要一个有计划、有针对性的培训提升规划，所有教师均应在固定周期内参加相应的知识和技能培训，以更新知识和技能，不断提高理论知识教学能力和技术技能应用水平。

4.6.2.2 新入职教师的规格要求

现代职业教育本科人才培养师资力量的优化提升，除了对已有教师的培养培训外，引入新的教师，是迅速提升师资力量、优化师资结构的有效途径。对于现代职业教育本科人才培养引入新师资而言，需要注意以下问题：首先，要注重新引进教师的学历起点。对于现代职业教育本科人才培养而言，由于其人才培养的高层次性，需要较为扎实的理论知识基础，过低的教师学历起点，无法满足人才培养对教师理论知识认知的深度和广度要求，因此，对于新引进教师而言，学历层次应为硕士及以上学历。其次，对于新引进的教师，除了学历层次要求外，还应要求具有一定程度的、与专业相适应的行业、企业生产实践经验，从而满足引进教师的技术技能应用性要求。对于无实践经验的教师，应进行相应的企业专职应用能力培养，以提高教师的技术技能应用能力、实践能力。

4.6.2.3 校外师资的选择与补充

根据现代职业教育本科人才培养对于师资队伍建设的要求，除了关注自身师资的优化提升外，还要注意利用校外各层面的社会资源，借助行业专家、企业技术能手、教育领域专家等资源，有效补充自身的师资力量。对于行业专家而言，参与学校的人才培养，能够使学校及时了解制造业及相关产业的发展趋势和特征，有利于学校明确人才需求状况及规格要求，同时行业专家还能够为人才培养方案的制定、教学过程的实施给出意见和建议；对于企业技术能手而言，能直接担任学校相应课程的任课教师或任课助手，可以将自身丰富的实践经验和技巧传授给学生，提高学生知识、理论应用能力的培养成效；对于教育领域专家而言，则可以通过相应的培训和讲座提高教师的授课技能和技巧，提升教师的教学能力。

4.6.3 资金保障

资金保障是发展现代本科职业教育，开展相关教育活动的重要支持保障力量。由于院校属性不同，在资金保障方面，关注的重点有所不同。

对于公办院校而言，资金保障主要来自政府部门下拨的教育经费、学费收入和社会资金支持三个方面。公办院校主要的办学资金都来自国家或地方政府的教育经费拨款，对于该笔资金的使用，应保证现代职业教育本科人才培养硬件设施和软环境打造的经费使用，满足人才培养的办学条件需求；学费收入则是公办院校的另一重要办学资金来源，应细化该项资金的使用制度和规范，保证资金使用能够有效促进学生应用能力、实践能力的培养；在社会资金支持方面，则应提升学校在现代职业教育本科人才培养方面的知名度和认可度，加强学校的社会办学资金吸纳能力，通过项目合作、企业或个人捐赠等形式，形成对办学资金的有效补充。

对于民办院校而言，其办学经费的来源主要包含办学主体的资金投入、学费收入和社会资金支持三个方面。办学主体应加强现代职业教育本科人才培养的资金投入，尽快建立并完善人才培养体系，提高学校的知名度和认可度，为学费收入和社会资金的吸纳打下良好基础；学费收入是民办院校开展人才培养的主要经费来源，通过对该笔经费的科学合理使用，不断提高人才培养质量，保证学生的就业率和就业质量，从而形成良好的社会美誉度和认可度，增强对应届高中生源的吸引力；社会资金支持同样也是民办院校办学经费的有效补充，可通过订单班、捐赠等方式，吸纳社会资金支持人才培养。

4.6.4　硬件保障

现代职业教育本科人才培养的硬件保障是指在人才培养过程中所涉及的相关设施、设备等。硬件保障是人才培养教育教学活动顺利开展实施的基础，是应用能力、实践能力和创新能力培养的必备条件，主要包含基础设施保障、硬件设备保障和应用软件保障三个方面。

（1）基础设施。基础设施是现代职业教育本科人才培养的重要硬件支撑条件之一，基础设施的建设需要注意其匹配性、实用性。首先，基础设施的建设需要与相应的教学设备匹配，需要根据人才培养目标、课程性质及教学设备的状况进行基础设施的建设；其次，基础设施的建设应具有一定的空间和规模，以满足多名学生同时进行技术技能训练的要求；最后，对于基础设施，需要根据学校的具体情况进行规划建设，避免基础设施建设的盲目性。

（2）硬件设备。在现代职业教育本科人才培养的硬件设备保障方面，需要注意设备配备、设备更新和设备有效利用。对于设备配备，要明确所购置的设备对人才培养目标实现的功效、对相应课程的支撑情况以及对技术技能训练习得的作用。对于《中国制造2025》战略中的重点发展领域和产业相关专业所涉及的教学设备应优先购置，以尽快形成满足制造业升级发展实践能力和应用能力培养的设备体系；设备的更新和购置，需要有一定的先进性，应体现"今天的设备训练明天的人才"的人才培养理念；注意设备配备的数量，保证技术技能训练中合理的人机比例；对设备进行有效的保养维护，保证设备的使用性能，保障硬件设备的有效利用。

（3）应用软件。应用软件是指为了保障现代职业教育本科人才培养活动顺利进行所配备的教学辅助软件。应用软件的使用能够较好地模拟生产实践岗位的工作情景，使学生熟悉业务流程和操作规范等内容，有助于学生进行技术技能的学习和训练。应用软件的配置应注意对现实业务流程、加工过程模拟的真实性和具体性，注意培养学生对软件操作的熟练性和具体应用能力。

4.6.5　软环境营造

软环境营造是指与制造业升级发展相适应的现代职业教育本科人才培养教育氛围、认知观念、社会舆论的营造，对改变固有的职业教育层次观念，引导地方本科院校人才培养的应用技术型转变具有重要意义。实践中，可从实践平台打造、创新项目实施和技能竞赛促进三个方面进行现代职业教育本科人才培养软环境的营造。

4.6.5.1　实践平台的打造

实践平台是充分整合和利用校内外的实践资源，为学生实践能力、应用能力的提高而搭建的实践训练平台。实践平台的打造可以充分利用互联网的优势，将制造业及其相关产业的实践训练课程、应用软件及技术技能经验纳入平台，使学生的知识学习、实践训练和经验分享能够摆脱空间、时间的限制，利用学生的课余时间和碎片时间进行相应的学习，提高其应用能力、实践能力的培养效果，同时实践平台的打造也能为企业了解和参与现代职业教育本科人才培养提供便利条件，改变其对职业教育人才培养的理论知识基础相对薄弱、职业生涯发展潜力不足的认知，提升企业对现代职业教育本科人才培养的认可度。

4.6.5.2　创新项目的实施

创新项目的实施能够在学生理论知识认知、应用能力培养、创新能力培育等方面实现全方位的提升，是现代职业教育本科人才培养的重要教学手段。创新项目的实施需要由教师和行业企业专家，根据学生的理论知识学习成效以及专业背景，共同指导设计创新项目，让学生以工作小组的方式，参与项目的实施过程，以组织讨论、讲评等方式激发学生的学习兴趣与竞争意识，达到培养学生技术技能的应用能力、创新能力的目的。同时，创新项目往往是实践中的问题解决和创新需求，而创新项目的成功实施在给企业带来效益的同时，也能提升现代职业教育本科人才培养的知名度和美誉度。

4.6.5.3　技能竞赛的促进

通过举办和参与技能竞赛，可以丰富学生的专业技术技能应用活动，活跃学习氛围，为现代职业教育本科人才培养注入新活力。近年来，与制造业及相关产业有关的专业性技能竞赛层出不穷，如国家级的"挑战杯"全国大学生创业大赛、大学生创新创业训练计划、全国大学生 ERP 沙盘模拟大赛、GMC 国际企业挑战赛、全国大学生"创新、创意、创业"大赛等。学生通过参加各类竞赛，在培养良好团队合作能力、技术技能应用能力和创新能力的同时，也能提高现代职业教育本科人才培养的知名度，从而有效促进现代职业教育本科人才培养良好舆论氛围的形成。

4.7   质量控制子体系设计

现代职业教育本科人才培养，需要从人才培养的基本规律出发，建立全员参与、涵盖人才培养全部要素的人才培养质量全过程监控体系，从而保障人才培养质量不断提高。具体而言，现代职业教育本科人才培养的质量控制体系包含四个部分，如图4-7所示。四个组成部分相互作用、有机融合，构成人才培养质量不断提升的 PDCA 循环，使人才培养质量螺旋式上升，在不断的自我控制和调整中，提高现代职业教育本科人才培养质量。

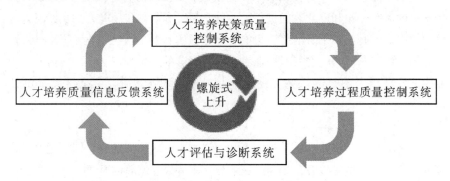

图4-7   现代职业教育本科人才培养质量控制子体系构成

4.7.1   人才培养决策质量控制系统

人才培养决策质量控制系统是现代职业教育本科人才培养质量控制子体系的宏观质量控制系统，主要对人才培养的相关决策、办学思路、总体定位进行质量把控和监测，是宏观层面的质量把控。首先，出台相应政策措施，引导本科层次现代职业教育的发展，并明确人才培养的市场需求和行业要求，为学校人才培养目标的确定提供参考；其次，政府部门组织相应的评估机构对现代职业教育本科人才培养的状况进行评估，从而进一步明确学校办学定位、办学思路的科学性与合理性，为学校及时调整和优化人才培养目标提供决策依据；最后，政府部门还需要根据职业教育的特征，结合相关制度，建立并完善现代职业教育本科人才培养的质量评估体系及相应的评估指标，从而为人才培养质量评估建立科学的标准和依据。

4.7.2　人才培养过程质量控制系统

现代职业教育本科人才培养过程的质量控制是微观层面对人才培养质量的把控，是指一系列教学实施过程中的质量控制活动，是人才培养质量控制体系的主要监测对象。根据人才培养中教与学的对应关系，可以从教学过程质量控制和学习过程质量控制两个方面进行人才培养过程的质量控制。

4.7.2.1　教学过程质量控制

教学过程质量控制主要是对学校、教师所实施的教学活动过程进行质量把控，是人才培养质量控制全过程性的重要体现。根据教师授课及管理活动的具体内容，其质量控制可包含授课质量控制、教学管理质量控制以及教学督导质量控制三个组成部分。

（1）授课质量控制是指教学过程中对教师授课的状况进行把控，可采取教学督导和同行专家随堂听课、学生评教、教师自评互评、学生信息员制度四种方式对授课质量进行评估并及时反馈，以促进教师调整和改进教学方法、提升授课质量。教学督导和同行专家听课以及教师自评互评，都是从教师角度出发进行教学状况的评估和质量控制，其重要关注点在于教学过程的设计、教学方法的运用以及教学内容的优选等方面；学生评教和学生信息员制度则是从学生的角度出发对教师的教学质量情况给予评价和提出意见，其关注点主要集中于教学方法的选择、教学重难点的处理、作业布置与反馈等内容。

（2）教学管理质量控制是指在对人的培养过程中所涉及的一系列教育管理活动的质量控制和保障，包括学籍管理、学分管理、考试管理等几个方面。首先，学籍管理是高校教学管理的重要环节，需要建立学籍管理的相关质量控制标准，严格管理制度，对学生在校学习情况及毕业资格的考核、记载、控制和处理等活动应有清楚明确的记录和存档；其次，学分管理的质量控制要求制定和完善学分管理的规章制度，对学分获得、学分标准等方面的内容及时进行修订和审核，实现学分管理的规范化、科学化；最后，考试管理的质量控制要求学校建立明确的考试管理规章制度、明确考试目标和工作流程，加大过程考核比例，强化人才培养的过程质量控制。

（3）教学督导质量控制。教学督导主要是学校成立的对教学情况进行质量把控和监督的组织机构，通过完善教学督导制度，明确教学督导的职责，充分发挥教学督导的监督、指导、检查等职能，从而能够有效保证教学质量的提高。此外，督导作用的发挥，不仅在于对教师的教学活动进行督导，还在于能够对学校的各项教学工作提出建设性的意见，其质量控制的主要内容涵盖人才培养过程中的教学活动、教学管理、学习氛围营造等内容。

4.7.2.2 学习过程质量控制

学习过程质量控制是从学生学习的角度来考量人才培养的质量和成效。对于学生学习过程的质量把控可以从课堂学习、课外学习、综合管理三个方面进行分析。

（1）课堂学习的质量主要通过学生学习成绩的状况来进行反映，这是把控学生学习质量的主要手段。学生课堂学习的状况不只是体现在期末考试成绩方面，还应注重平时学生的听课质量、作业质量，通过随堂测验、课程阶段测试等科学有效的激励方法，促进学生课堂学习质量的提高。

（2）课外学习的质量是指学生课余的生活状况对于学生应用能力、实践能力和创新能力提高的促进作用。通常第二课堂活动、社团活动、兴趣小组活动是学习质量控制的主要对象。学校应完善相应的规章制度，提升学生课余实践活动的专业性、知识性，有效激发学生课余实践活动的兴趣，形成人才培养质量提高的有效补充。

（3）综合管理的质量控制涉及学生的思想教育工作和日常学习生活的管理，内容主要涵盖学生管理制度的完善和学生管理队伍的建设。学生管理制度的完善，包括学生守则的及时调整和修订、学生学则的及时调整和完善等内容，而学生管理队伍的建设则涉及有关制度的完善以及学生管理专职人员的选聘等内容。

4.7.3 人才评估与诊断系统

人才评估与诊断是指对人才培养职业性、应用性和创新性的评估和判断。由于现代职业教育本科人才培养还处于起步探索阶段，对现代化、信息化相互融合的制造业发展所需人才的规格和素质要求并不十分明确，因此有必要建立现代职业教育本科人才培养的评估和诊断系统，对所培养的人才进行综合评估，使人才培养主体和受教育者都能明确当前人才培养状况与理想状态之间的差距，有利于培养主体采取相应的措施，有效提升学生的职业能力、应用能力、创新能力及职业综合素质。

人才评估与诊断系统的建立，应以制造业及相关产业升级发展的人才需求为导向，以职业能力、应用能力、创新能力和综合素质培养为主线，结合对用人单位和往届毕业生的调查访谈，明确就业目标职业群、岗位群的工作性质、工作任务与工作职责，并以此为基础，建立评估与诊断指标体系，通过相应的数据处理和分析，能够科学、合理地对现代职业教育本科人才培养状况进行评估与诊断。

4.7.4 人才培养质量信息反馈系统

建立人才培养质量信息反馈系统，其目的是能够畅通人才培养质量评价信息的反馈渠道，且能够进行质量反馈和改进情况的跟踪监控，以保障人才培养质量提高相关举措和制度的切实执行。

4.7.4.1 人才培养信息监控

人才培养信息监控可借助信息化手段进行质量监控的体制和机制创新，借助信息手段构建人才培养质量监控信息渠道，便于及时上传和上报人才培养质量状况和成效。

4.7.4.2 质量跟踪调查

质量跟踪调查主要包含对质量反馈信息的落实情况进行追踪和监控以及对毕业生质量的追踪和反馈。

对质量反馈信息落实情况的追踪和监控是在收到质量反馈信息后进行的质量信息落实情况、质量提升改进措施、质量提高保证制度等方面的追踪和监控，可借助信息化的手段实现质量反馈建议和意见落实的追踪和监控。

毕业生质量跟踪是现代本科职业教育所培养的人才在工作后，对人才培养质量状况的信息反馈。毕业生质量追踪可开始于毕业环节教学顶岗实习阶段，一直延伸到毕业生就业若干年后。跟踪调查的内容可包括：学生就业单位、就业岗位情况；就业岗位的专业对口率；学生就业岗位的收入情况；学生的在岗、换（转）岗、离岗情况；学生在职业岗位的发展晋升情况；学生继续教育情况；用人单位对学生的评价等。通过对毕业生职业生涯发展状况的有效跟踪和反馈，能够建立毕业生的培养质量档案，从而为现代职业教育本科人才培养的专业建设、培养方案调整、课程体系建设等方面提供科学依据。

5 对接《中国制造 2025》的现代职业教育本科人才培养实证分析

　　对于制造业而言，芯片制造以其技术密集、制造工序繁复、更新换代快等特点展现了现代制造业的技术先进性特征，是高端制造能力的综合体现；对于制造业相关的生产性服务业而言，作为国民经济发展的重要产业，物流业发展的状况已成为影响现代制造业快速发展的关键因素。基于此，我们根据所构建的对接《中国制造 2025》的现代职业教育本科人才培养体系，以现代制造业及生产性服务业中具有代表性的芯片制造业和物流业所对应的专业人才培养为研究对象，从芯片制造业和物流管理领域对现代职业教育本科高层次技术技能型人才核心能力的需求特征出发，进行人才培养的课程体系设计、教学体系优化、实践能力培养、评价反馈等方面的实证分析。

　　在现代职业教育本科人才培养的实践中，对于芯片制造业的人才培养而言，微电子科学与工程专业负责培养掌握新型微电子器件和集成电路分析、设计、制造的基本理论和方法，具备本专业良好的实验技能，并能够从事集成电路设计制造相关职业和岗位的高层次技术技能型人才；对于物流业的人才培养而言，物流管理专业负责培养掌握现代物流管理理论、信息系统的手段、方法，具备物流管理、规划、设计等较强实务运作能力的高层次技术技能型人才，是物流业发展的重要人力资源支撑。因此，我们可选择微电子科学与工程专业和物流管理专业分别作为芯片制造业和物流业人才培养的实证分析专业，进行现代职业教育本科人才培养的实证分析，从而为对接《中国制造 2025》的现代职业教育本科人才培养提供科学的、可资借鉴的应用案例和实践经验。

5.1 现代职业教育微电子科学与工程专业本科人才培养实证分析

5.1.1 现代职业教育微电子科学与工程专业本科人才核心能力分析

5.1.1.1 现代职业教育本科人才核心能力分析

对于现代职业教育人才的核心能力内涵，可借鉴企业核心能力的概念[45]，将其界定为能够使现代职业教育本科人才在职业生涯竞争中处于优势地位，并能够持续自我完善，竞争对手很难或短时间无法具备的能力。这种能力是多种能力和技能的综合，需要相应的学习、训练和一定时间的积累。

对于职业生涯发展所应具备的核心能力而言，核心能力的培养一直是高等教育人才培养探讨的焦点，通常认为核心能力具有跨职业特性和可迁移特征[46]，是不随职业变换而改变的基础性、关键性的职业方法能力和社会能力，是影响职业生涯发展潜力的重要能力，主要包括信息收集与处理、自我学习及管理、数字处理及应用、沟通和言语表达、团队协作、创新创造、外语应用等内容[47]。

现代职业教育本科人才作为高层次应用型人才培养的重要构成部分，职业技术技能的训练及应用是该类型人才职业属性的重要体现。与普通本科人才培养不同，现代职业教育本科人才的培养，在注重基础理论知识学习的同时，还需关注具体产业、职业领域所涉及的核心技能培养，而核心技术技能在相应的人才培养中体现为专业知识和技术技能的学习及训练，具有产业、职业的专业性、知识性和独特性，使所培养的人才具有良好的行业内岗位变换和调整的适应性。

综合上述分析，可以认为现代职业教育本科人才的核心能力由跨行业、职业及岗位的职业核心能力和专业核心技能构成。核心能力的明确有利于人才培养类型和层次的明确，使现代职业教育本科人才培养目标更清晰、更具有针对性。

5.1.1.2 现代职业教育微电子科学与工程专业本科人才核心能力构成

根据现代职业教育本科人才培养的核心能力分析，参考《工程教育认证标准（2017）》中对毕业生的具体要求、《国家技能振兴战略》中对职业核心技能的表述、《国家职业技能标准——半导体芯片制造工》中各层次工种职业技能的具体要求，可将现代职业教育微电子科学与工程专业本科人才的核心能力归结为 12 种能力，具体分析如下：

（1）观察思考能力：在工作实践中，能够对某一事物或客观现象进行观察，并进行相应的分析、综合、推理、判断等思维活动的能力。

（2）专业表达能力：能够借助媒介如语言、文字、图表等方式，准确、简洁、连贯且合乎规范地表达专业领域的信息、思想、概念等的能力。

（3）研究创新能力：运用所学知识和理论，在工作实践中，用科学的方法，对所获取的信息进行加工，并能够获得新知识，以及能够提供具有经济价值、社会价值的新思想、新方法和新发明的能力。

（4）协调安排能力：在实际工作过程中，能够运用各种科学的组织形式、管理手段，有效地协调人力、物力、财力等各个方面，以获得最佳的工作学习效果的能力。

（5）心理承受能力：个体对逆境引起的心理压力和负性情绪的承受与调节的能力，主要是对逆境的适应力、容忍力、耐力、战胜力的强弱。

（6）团队合作能力：建立在团队学习、工作的基础之上，发挥团队精神、互补互助以达到团队最大工作、学习效率的能力。

（7）沟通能力：与他人有效地进行信息沟通的能力。沟通能力包含表达能力、争辩能力、倾听能力和设计能力（形象设计、动作设计、环境设计）。

（8）自我学习能力：具备终身学习的意识和自主学习的能力，能够不断学习新的知识和技能，更好地适应产业发展和职业、岗位变换的能力。

（9）集成电路的设计能力：掌握固体物理学、电子学和 VLSI 设计与制造等方面的基本理论和基本知识，具有分析和设计集成电路的基本能力。

（10）半导体制造工艺设计及应用能力：具有集成电路设计与制造专业知识，掌握集成电路制造工艺流程基本知识，具备半导体制造工艺设计及应用的能力。

（11）集成电路封装及测试能力：具有半导体材料与技术、半导体物理与器件的基本理论和基本知识，掌握集成电路封装和测试的基本工具和方法，具备独立进行器件性能分析的能力。

（12）系统分析及版图设计能力：掌握电子电路的基本理论和实验技术，具有独立进行版图设计、电子系统分析的基本能力。

5.1.1.3　现代职业教育微电子科学与工程专业本科人才核心能力评估

我们以现代职业教育微电子科学与工程专业本科人才核心能力的理论分析为基础，采用访谈法、专家打分法进行相应核心能力的进一步评估，以明确现代职业教育芯片制造业本科人才核心能力体系的层次构成，明晰不同核心能力在人才培养过程中的地位和作用，为该专业现代职业教育本科人才培养策略的制定提供科学的决策依据。

（1）研究目的和方法

我们结合12种能力的具体内涵，通过访谈和对打分数据的统计计算与分析，借助SPSS软件对打分数据进行聚类分析，对现代职业教育芯片制造业本科人才的12种核心能力进行科学合理的评估测量。

（2）访谈对象选择

我们选取天津某芯片制造企业作为主要调研对象，共有28位参与者进行核心能力评估打分，其中，在对15位参与者进行核心能力评估打分的同时还进行了访谈，15位接受访谈的参与者主要涉及该企业的工艺部门、制造部门、品控部门、设备管理部门等，访谈对象的层次结构则涵盖基层操作员（操作加工）、基层技术员（工艺设计）、基层管理者（计划监控）、中高层管理者（部门经理），以保证受访者对于芯片制造不同部门、不同层次覆盖的全面性，从而能够更为科学地反映不同岗位、不同部门对学生核心能力需求的认知状况。

（3）访谈设计及打分问卷设计

①访谈设计

对芯片制造业相关专家和工作人员的访谈包含五部分内容，即访谈目的、访谈方式、访谈对象、访谈问题、访谈结果汇总与整理，共设计五个访谈问题，每个访谈问题和意向了解内容如表5-1所示，具体的访谈提纲见附录2。

表5-1　访谈问题及意向表

序号	访谈问题	访谈意向
1	您觉得贵单位目前在岗的本科毕业生所学的知识和能力能够满足贵单位的需要吗？	明确当前本科毕业生所具有的知识能力能否满足企业的实际需求
2	您认为芯片制造业，特别是贵单位，对本科毕业生而言，最关注哪些知识和能力？	明确企业所关注的本科毕业生应有的知识和能力
3	您认为对于微电子专业的本科生而言，如果在贵单位工作，最需要哪些方面的专业知识和能力？	明确芯片制造行业对现代职业教育本科毕业生专业能力的要求

表5-1(续)

序号	访谈问题	访谈意向
4	对您个人而言,在整个职业生涯中,哪些知识能力对职业生涯的发展具有重要影响?	明确现代职业教育本科人才培养中有利于其职业生涯发展的能力
5	从您个人的职业发展角度而言,12种核心能力是否较为全面地涵盖了从事芯片制造工作的关键能力要求,你是否有所补充?	进一步明确12种核心能力的科学性与合理性

②打分问卷设计

根据现代职业教育芯片制造业本科人才的核心能力构成,遵循系统性、科学性、简明性、客观性等原则,设计核心能力的打分问卷。问卷针对每一种能力设计问题,共12道题目,其目的在于进一步确认12种核心能力在芯片制造行业实际具体工作中的重要性。每道题目均采用"非常重要""比较重要""一般重要"三级评判标准,具体打分问卷见附录3。

(4)访谈结果汇总及分析

我们对15位芯片制造企业专家及工作人员的访谈情况进行整理,并针对每一访谈问题进行了总结,具体结果如下:

①现代职业教育本科毕业生的知识和能力能否满足企业实际需要方面

15位受访者均表示目前刚入职的本科毕业生基本能够满足企业工作的实际需要,但是在某些能力方面还需要提升,如观察思考能力、团队合作能力等方面。有5位受访者表示,对于新入职的毕业生而言,在数据分析方法及其软件工具的使用方面还需要进一步培养和提高,从而能够更快地适应企业的工作要求,并能为企业创造效益。

②芯片制造业对于本科毕业生培养关注的核心能力方面

我们通过对15位受访者访谈结果的梳理,发现受访者在回答主要关注的本科毕业生核心能力时,不同程度地提到了自我学习能力、团队合作能力、沟通能力,认为本科毕业生如果在这三个能力方面具有较好的表现,则可以较快适应芯片制造企业的工作岗位,能够更有效地开展工作。

③芯片制造业对专业知识和能力需求方面

15位受访者均表示,对于专业知识和能力的要求方面,需注重学生对于芯片制造的基础知识掌握,如对晶圆制作、芯片制作、封装测试等基本知识的了解和认知,同时对芯片制造中的相关机械操作技能应有所了解和掌握,对芯片制造中的工艺设计有一定的掌握,并能够进行具体应用。

④职业生涯发展的核心能力方面

在职业生涯发展应具备的核心能力方面，15 位受访者结合各自不同的岗位和工作经历进行了职业生涯发展所需核心能力的回答。受访者均认为对于职业生涯发展而言，自我学习、团队合作以及沟通能力是职业生涯发展的关键能力，而随着职业生涯的不断发展，一定的协调安排能力和心理承受能力也是职业生涯发展所必须具备的重要能力。

⑤12 种核心能力的涵盖性方面

访谈中，针对 12 种能力的具体内涵，我们向 15 位受访者进行了详细的解释和说明，并向每位受访者征求了 12 种能力对于从事芯片制造行业的能力涵盖程度。受访者均认为 12 种能力基本涵盖了芯片制造行业从业者所应具备的核心能力，并认为现代职业教育本科毕业生这 12 种能力的具备状况会在很大程度上决定企业后备人才的选拔、培养和使用，也会极大地影响其职业生涯发展。

（5）打分问卷结果分析

打分问卷设计完成后，我们采用纸质形式和网络形式进行问卷调查，纸质形式的问卷主要在访谈中一并进行，而网络问卷则采用问卷星的形式进行，并将调查结果进行统计。具体统计结果如表 5-2 所示。

表 5-2　打分问卷结果统计表

序号	能力	极其重要		比较重要		一般重要	
		人数/人	占比/%	人数/人	占比/%	人数/人	占比/%
1	观察思考能力	18	64.29	8	28.57	2	7.14
2	自我学习能力	15	53.57	10	35.71	3	10.71
3	专业表达能力	9	32.14	17	60.71	2	7.14
4	研究创新能力	6	21.43	17	60.71	5	17.86
5	协调安排能力	11	39.29	17	60.71	0	0
6	心理承受能力	14	50	12	42.86	2	7.14
7	团队合作能力	17	60.71	11	39.29	0	0
8	沟通能力	16	57.14	10	35.71	2	7.14
9	集成电路的设计能力	3	10.71	10	35.71	15	53.57
10	半导体制造工艺设计及应用能力	7	25	11	39.29	10	35.71

表5-2（续）

序号	能力	极其重要		比较重要		一般重要	
		人数/人	占比/%	人数/人	占比/%	人数/人	占比/%
11	集成电路封装及测试能力	4	14.29	4	14.29	20	71.43
12	系统分析及版图设计能力	5	17.86	5	17.86	18	64.29

我们根据打分问卷的结果，借助 SPSS 软件，进行 K-均值聚类分析，得到12 种能力的具体分类状况，从而进一步明确核心能力的层次构成状况。经过SPSS 软件计算打分问卷的信度和效度，克隆巴赫系数 Alpha 为 0.913，KMO 系数为 0.812，且显著性检验 $P<0.05$，打分问卷结果可靠、有效。具体的 K-均值聚类分析结果如表 5-3 所示。

表 5-3　12 种能力的 K-均值聚类分析表

能力	观察思考能力	自我学习能力	专业表达能力	研究创新能力	协调安排能力	心理承受能力
聚类	1	1	3	3	3	1

能力	团队合作能力	沟通能力	集成电路的设计能力	半导体制造工艺设计及应用能力	集成电路封装及测试能力	系统分析及版图设计能力
聚类	1	1	2	3	2	2

根据表 5-3 的计算结果，12 种能力可归为三类，其中观察思考能力、自我学习能力、心理承受能力、团队合作能力、沟通能力归为第一类能力。考察这 5 种能力的具体内涵可以发现，这 5 种能力对现代职业教育本科学生能否快速适应芯片制造行业的工作岗位及其职业生涯的发展状况具有重要的影响，在学生的能力培养过程中具有基础性地位，因此，可将这 5 种能力界定为核心基础能力。专业表达能力、研究创新能力、协调安排能力、半导体制造工艺设计及应用能力则属于第二类能力。同样考察这 4 种能力的具体内涵可以发现，这4 种能力会随着学生工作实践经验的丰富而不断提升和发展，如在专业表达方面，由于实践经验的日趋丰富，能够更加精准、熟练地表达芯片制造领域的相关问题，同时能够与他人更有效地沟通和交流专业领域知识与技能；在研究创新能力方面，实践经验的具备能够让学生在工作岗位上做出更为有效、更有实施可行性的创新，能够对现有工作提出更具实践价值的革新观点；在协调安排

能力方面，在学生工作实践一定时期后，其无论是对自身的工作安排和协调还是对工作中跨部门、跨机构的工作协调都更为有效；在半导体制造工艺设计及应用能力方面，受到芯片制造企业较高的关注，要求学生在校学习期间应对半导体制造相关工艺有一定程度的了解和掌握，同时该能力的专业性特征也会随着学生在工作实践中经验的不断丰富而发展和提升，因此，可将这4种能力界定为核心发展能力。该类型的能力需要学生在校期间得到一定的培养，为工作实践中该类能力的发展提升打下坚实基础。集成电路设计能力、集成电路封装及测试能力、系统分析及版图设计能力带有显著的专业性特征，体现了芯片制造行业从业者所必须具备的专业知识和技能状况，因此，可将该类能力界定为核心专业能力。

5.1.1.4 现代职业教育微电子科学与工程专业本科人才核心能力体系结构

从现代职业教育芯片制造业本科人才核心能力调查问卷数据分析的结果可知，现代职业教育微电子科学与工程专业本科人才的核心能力体系共包括12种能力，可分成3个层次，即核心基础能力层、核心发展能力层和核心专业能力层，如图5-1所示。

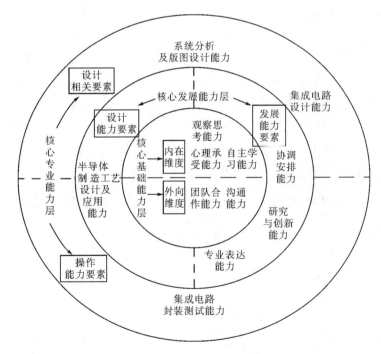

图 5-1　现代职业教育微电子科学与工程专业本科人才的核心能力体系结构

核心基础能力层是芯片制造业技术技能型人才核心能力体系中的基础能力层，对现代职业教育本科人才核心能力体系的构筑和形成具有重要意义。具体而言，核心基础能力层可分成内在性和外向性两个维度。内在性维度主要是从内在兴趣、心理、意志力等方面促进学生形成其较强的观察思考能力、心理承受能力和较强的自主学习能力，而外向性维度则主要从外在交流、合作等方面强调学生核心能力的培养。核心基础能力层所涵盖的能力均具有相对稳定的特性，不会随时间和某些条件的改变而失去或减弱，让学生能够在就业后较易实现行业内不同企业、企业内不同岗位的工作和任务变迁，具有较强的可迁移性。

核心发展能力层所包含的能力同样可分为两类要素，即设计能力要素和发展能力要素，其中设计能力要素是指半导体制造工艺设计与应用能力，要求学生具备半导体制造相关基础知识和理论，能够进行一定的半导体制造工艺设计并能转化为实践应用的能力；而发展能力要素则强调学生在生产实践工作场景中的技术技能训练，并具有不断提升和发展的特征，具有较强的可迁移性。核心发展能力层介于核心基础能力层和核心专业能力层之间，同样对学生的核心能力体系的构筑和形成具有重要影响。

核心专业能力层处于核心能力体系的最外层，包含集成电路设计能力、系统分析及版图设计能力、封装及测试能力三种核心能力，三种能力可分为设计能力要素和操作能力要素。设计能力要素强调学生芯片制造行业相关分析、设计能力的培养，具有较强的专业性特征；而操作能力要素则是芯片制造完成后对芯片的检测和封装，在强调一定专业基础知识的同时，更强调相关实践场景设备、工具的应用能力。核心专业能力层对学生有较强的专业理论知识和技术技能实践应用能力要求，因此，相对于其他层次的核心能力，该层次能力对专业理论知识和技术技能的要求最高。

5.1.2 现代职业教育微电子科学与工程专业本科人才培养目标的确定

根据对接《中国制造 2025》的现代职业教育本科人才培养体系的构成，结合现代职业教育微电子科学与工程专业本科人才的核心能力体系特征，以满足芯片制造业发展的人才需求为出发点，确定现代职业教育微电子科学与工程专业本科人才培养的目标。

5.1.2.1　人才培养目标的确定

培养具备良好的思想素质、人文社会科学素养和职业道德，具有一定的实践能力和创新精神，了解微电子行业的前沿技术、掌握扎实的微电子科学与工程的基础理论和专业技能，具备新型微电子器件和集成电路分析、设计、制造的基本理论知识和能力；尤其是微电子系统、集成电路设计以及在制造领域从事技术研究、技术开发、制造工艺优化、市场推广等工作的高层次技术技能型人才。

5.1.2.2 人才培养的规格

（1）知识结构要求

①掌握较宽厚、扎实的数学基础、物理学基本理论。

②具有自然科学、社会科学等领域的基本知识。

③掌握电子技术基础知识、微电子技术学科基础知识，掌握新型微电子器件和集成电路分析、设计、制造的基本理论和方法。

④掌握本专业工作需要的计算机应用基础、良好的英语基础知识。

（2）核心能力要求

①掌握数学、物理等方面的基本理论和基本知识；掌握新型微电子器件和集成电路的基础知识及分析与设计方法。

②掌握文献资料的查询、检索等技术方法，能够进行自我学习提升，具有运用集成电路制造知识及理论，能够从事集成电路制造工艺的设计、优化及实施的基本能力。

③具有提出问题、分析问题和解决问题的能力，能借助计算机及辅助软件独立进行版图设计、器件性能分析。

④具有独立思考、勇于创新的思维模式，初步具备微电子科学与工程技术领域实验设计、技术设计和计划实施的能力。

（3）素质结构要求

①具有良好的思想品德、职业素养以及具有团结友爱、乐于奉献的人文情怀和社会责任感；

②具有科学与创新精神，视野开阔，敢于探索，勇于创新；

③具有健康的体魄、纯洁的心灵、向上的心态、豁达的胸襟。

5.1.3 现代职业教育微电子科学与工程专业本科人才培养课程体系设计

根据现代职业教育微电子科学与工程专业本科人才的核心能力构成，参照《本科专业类教学质量国家标准》，结合相关文献[48-49]的研究成果，现代职业教育微电子科学与工程专业本科人才核心能力培养的课程支撑对应关系如表5-4所示。

表 5-4 现代职业教育微电子科学与工程专业

本科人才核心能力培养的课程支撑对应关系表

层次	核心能力	课程支撑
核心基础能力层	观察思考能力	思想道德修养与法律基础、马克思主义基本原理、毛泽东思想和中国特色社会主义理论、形势与政策、中国近代史纲要、毕业实习、公共选修课程、素质提升实践
	自主学习能力	高等数学、线性代数、概率论与数理统计、数字电路、工程制图、专业课程基础设计、毕业实习、毕业设计
	心理承受能力	公共选修课程、素质提升实践、毕业实习
	团队合作能力	大学生就业指导、军事理论、专业课程基础设计、专业综合课程设计、体育、军事训练
	沟通能力	公共选修课、大学英语、专业英语、体育、毕业实习
核心发展能力层	专业表达能力	公共选修课程、高等数学、大学物理、微电子科学与工程概论、电路分析基础、模拟电路、数字电路
	协调安排能力	线性代数、大学生就业指导、素质提升实践、毕业实习
	研究创新能力	创新创业教育、大学生职业生涯规划、电子技术课程设计、半导体照明技术、薄膜技术、传感器技术、太阳能电池技术、微电子理论前沿、微波技术与天线、职业技能拓展训练、金工实习、毕业实习、毕业设计
	半导体制造工艺设计及应用能力	计算机基础、电路分析基础、数字电路、理论物理与半导体物理学、半导体工艺学、半导体集成电路、微电子器件原理、半导体制造技术、半导体制造工艺、电子技术课程设计、职业技能训练、专业基础课程设计、专业综合课程设计、职业技能拓展训练、金工实习、毕业实习、毕业设计

表5-4(续)

层次	核心能力	课程支撑
核心 专业 能力层	集成电路 设计能力	工程制图、模拟电路、单片机应用技术、电路分析基础、模拟电路、数字电路、Verlog HDL 语言与 FPGA 技术及应用、SOC 设计、专业技术课程设计、数据结构与算法设计、信号与系统、微机原理与应用、半导体集成电路、传感器技术、微波技术与天线、电子技术课程设计、毕业实习、金工实习、职业技能训练、职业技能拓展训练、毕业设计
	集成电路封装 及测试能力	微电子器件原理、IC 版图设计、集成电路封装与测试、金工实习、电子技术课程设计、职业技能训练、职业技能拓展训练、毕业实习、毕业设计
	系统分析 及版图设计能力	微电子器件原理、IC 版图设计、电子 CAD 课程设计、电子技术课程设计、职业技能训练、职业技能拓展训练、金工实习、毕业实习、毕业设计

　　由表 5-4 可以看出，对核心基础能力层而言，5 种核心能力的内涵反映出该技能层跨行业、可迁移的重要特征，因此，核心基础能力层的能力培养主要由非专业性课程以及毕业实习和毕业设计完成。核心发展能力层中，半导体制造工艺设计及应用能力的培养需要专业的理论知识和技术技能背景，因此，其主要培养课程多涉及相应的专业理论课程及专业实践环节，而专业表达能力、协调安排能力、研究创新能力则体现为一定实践条件下的应用性、可发展性特征，因此，这 3 种能力的培养在一定非专业性课程的基础上还应具有一定专业知识和技术技能特征。核心专业能力的 3 种能力培养均需要具有相应的专业理论知识和技术技能背景，因此，所涉及的培养课程多为微电子行业相关的专业理论课程和实践课程。

　　根据上述分析，结合现代职业教育微电子科学与工程专业本科人才培养目标，参照《本科专业类教学质量国家标准》，可设计对接《中国制造 2025》的现代职业教育微电子科学与工程专业本科人才培养课程体系。整个体系由通识课程、学科基础课程、专业课程和实践能力培养环节四部分构成，如表 5-5 所示。

　　通识类课程是本科人才培养所必须修读的基础知识和基本理论的课程，包含思想政治类、外语类、军事体育类、数理基础类和创新创业类五类课程。这五类课程均具有非专业性特征，是本科层次人才培养理论知识学习的基础。

　　学科基础类课程则是微电子科学与工程专业的专业基础课程，体现了本科层次电子信息类学科的人才培养特征。学科基础类课程根据课程的具体性质可分为专业基础课程和工具类课程。专业基础课程包含微电子科学与工程概论、电路分析基础、模拟电路、单片机应用技术、数字电路、信号与系统、微机原理与应用 7 门课程，是电子信息类人才的专业基础课程。对此类课程的学习能够使微电子科学与工程专业学生具有较为扎实的专业理论知识基础，能够适应电子信息行业中职业、岗位变换的需求。计算机基础（C 语言）、工程制图、数据结构与算法设计 3 门课程则属于工具类课程，该类课程的学习能够使学生针对行业岗位的需求，运用所学计算机、算法和制图等知识进行实际问题的分析、编程、体现和处理，从而使学生具备一定的分析问题、解决问题的技术技能应用能力。

表 5-5　现代职业教育微电子科学与工程专业本科课程体系结构

模块	类别	课程名称	性质
通识类课程	思想政治类	思想道德修养与法律基础	必修
		中国近代史纲要	
		马克思主义基本原理	
		毛泽东思想和中国特色社会主义理论	
		形势与政策	
	外语类	大学英语	
	军事体育类	军事理论	
		体育	
	数理基础类	高等数学	
		线性代数	
		概率论与数理统计	
		大学物理	
	创新创业类	大学生职业生涯规划	
		大学生就业指导	
		创新创业教育	
		通识类选修课程	选修

表5-5(续)

模块	类别		课程名称	性质
学科基础类课程	学科基础类		微电子科学与工程概论	必修
			电路分析基础	
			计算机基础（C语言）	
			模拟电路	
			工程制图	
			单片机应用技术	
			数字电路	
			数据结构与算法设计	
			信号与系统	
			微机原理与应用	
专业课程	专业必修类		理论物理与半导体物理学	选修
			微电子器件原理	
			半导体工艺学	
			半导体集成电路	
			专业英语	
	专业选修类	集成电路设计方向	Verlog HDL 语言与 FPGA 技术及应用	
			SOC 设计	
		集成电路制造方向	半导体制造技术	
			半导体制造工艺	
		封装与测试方向	IC 版图设计	
			集成电路封装与测试	
	专业技术前沿类（任选）		半导体照明技术	
			薄膜技术	
			传感器技术	
			太阳能电池技术	
			微电子理论前沿	
			微波技术与天线	

表5-5（续）

模块	类别	课程名称	性质
实践教学环节	通识实践类	军事训练	必修
		素质提升实践（课外）	
	专业实践类	金工实习	
		专业基础课程设计	
		电子技术课程设计	
		电子 CAD 课程设计	
		专业综合课程设计	
		职业技能训练（无电-中级-鉴定）	
		职业技能拓展训练	
		毕业设计	
		专业实习	

专业类课程则包含专业必修类、专业选修类和专业技术前沿类三类课程。专业必修类课程是从事微电子相关行业所必须掌握的核心知识和理论，具有较强的微电子行业专业性，包含理论物理与半导体物理学、微电子器件原理、半导体工艺学、半导体集成电路、专业英语5门课程。专业选修课程则是根据芯片制造的过程将专业课程分为三个方向，即集成电路设计方向、集成电路制造方向、封装与测试方向，每个方向均包含2门体现芯片制造环节的代表性课程，学生可以根据自身的兴趣、爱好以及芯片制造行业发展的最新变化进行相应方向的选择。专业技术前沿类课程则是反映微电子行业最新发展趋势的相关课程，如传感技术、薄膜技术、太阳能技术等，学生可通过对相应课程的学习了解当前微电子行业技术理论及实践的最新发展状况，从而激发学生对专业理论知识和技术技能的学习积极性，促进学生应用能力和创新能力的提高。

实践教学环节则是现代职业教育本科人才技术技能习得、应用能力、职业能力培养的重要体现。具体而言，实践教学环节可以分为通识实践和专业实践两类课程。

通识实践类课程包含军事训练和素质提升实践课程，其中素质提升实践课程是学生利用课余时间通过社团活动、第二课堂等活动，以社会调研等方式进行的相应实践活动。通识实践类课程是培养学生沟通能力、团队合作能力、协调安排能力的重要方式。

专业实践课程则是微电子科学与工程专业本科人才专业技术技能应用能力、实践能力培养的主要手段。专业实践类课程根据课程涉及的专业知识和技术，可以分为专业技术、专业综合和职业技能三类课程。专业技术类课程包含金工实习、专业基础课程设计、电子技术课程设计、电子 CAD 课程设计 4 门课程，主要针对相应的理论课程进行理论知识和技术技能的应用及验证。专业综合类课程主要包括专业综合课程设计、毕业实习、毕业设计 3 门课程，该类课程是学生在具有一定的微电子基础理论知识后，按照学生知识能力的培养目标所进行的综合性实践训练。其中专业综合课程设计需要学生根据教师拟定的课程设计题目进行相应的理论知识应用实践操作，毕业实习则需要学生在真实的企业岗位环境中进行相关的学习训练，毕业设计则是学生在校学习成果的终结性检验，是学生理论知识和技术技能应用能力、创新能力的综合体现，通过毕业设计展现学生应用能力、实践能力、创新能力的培养成果。职业技能类课程则是针对微电子行业的相关工作环节，按照职业工种标准、岗位职责对学生进行职业岗位操作技能的训练，从而能够使学生熟悉芯片制造过程、掌握软硬件设备的操作技能。该类课程主要包含职业技能训练、职业技能拓展训练，其中职业技能训练按照相关岗位中级工标准进行训练，而职业技能拓展训练则为高级工甚至技师标准。职业技能训练课程能够充分体现人才培养的职业针对性，使得现代本科职业教育所培养的人才具有更强的职业技术技能应用能力和实践能力。

我们已将现代职业教育微电子科学与工程专业本科人才培养课程体系提交给相关专业，作为人才培养课程体系设计、优化的重要参考。

5.2 现代职业教育物流管理专业本科人才培养实证分析

5.2.1 现代职业教育物流管理专业本科人才的核心能力分析

《中国制造 2025》战略中指出要提升物流效率、降低物流成本，为生产性服务业的发展、绿色制造体系的建设提供有力的支撑。对物流活动进行科学有效的管理，能够提升物流业的发展品质，能够为制造业的升级发展提供有力的支撑，而在现代职业教育本科人才培养实践方面，24 所现代职业教育本科人才培养高等院校中，开设物流管理专业的院校多达 13 所，是经济管理类专业中开设院校最多的专业，这说明了高层次的物流管理人才是现代职业教育本科人才培养的重点关注专业之一。基于此，我们选取物流管理专业进行对接

《中国制造 2025》现代职业教育本科人才培养的实证分析，期望能够为物流业乃至生产性服务业发展所需现代职业教育本科人才的培养提供科学的、可资借鉴的案例和经验。

5.2.1.1 现代职业教育物流管理专业本科人才的核心能力构成

我们根据现代职业教育本科人才的核心能力构成分析，参考《工程教育认证标准（2017）》交通运输类补充标准对毕业生的具体要求、《国家技能振兴战略》对职业核心技能的表述、《物流从业人员职业能力要求标准》中对物流职业能力的具体说明，将现代职业教育物流管理专业本科人才核心能力归结为 13 种能力。具体能力及内涵如表 5-6 所示。

表 5-6 现代职业教育物流管理专业本科人才核心能力构成

序号	能力	内容要求
1	观察思考能力	在工作实践中，能够对某一事物或客观现象进行观察，并进行相应的分析、综合、推理、判断等思维活动的能力
2	专业表达能力	能够借助各种媒介如语言、文字、图表方式，准确、简洁、连贯且合乎规范地表达专业领域的信息、思想、概念等的能力。
3	研究创新能力	在工作实践中，运用所学知识和理论，用科学的方法对获取的信息进行加工，获得新知识，以及能够提供具有经济价值、社会价值的新思想、新方法和新发明的能力
4	协调安排能力	能够运用各种科学的组织形式、管理手段，有效地协调人力、物力、财力等各个方面，以获得最佳的工作学习效果的能力
5	心理承受能力	对逆境引起的心理压力和负性情绪的承受与调节的能力，体现为对逆境的适应力、容忍力、耐力、战胜力
6	团队合作能力	建立在团队工作和学习的基础之上，能够在不同的职位上各尽所能、与其他成员协调合作、互补互助以达到团队最大工作、学习效率的能力
7	沟通能力	与他人有效地进行沟通交流的能力，包含表达能力、争辩能力、倾听能力和设计能力（形象设计、动作设计、环境设计）
8	自我学习能力	具备终身学习的意识和自主学习的能力，能够不断学习新的知识和技能，更好地适应行业发展和岗位变换的能力
9	物流系统分析能力	能够运用所学知识和理论分析物流系统，并能针对相应问题给出解决方法和建议的能力，强调对物流基础理论知识的掌握和应用

表5-6(续)

序号	能力	内容要求
10	物流运营管理能力	具备一定的物流企业运营管理基础知识，并能对业务流程管理、业务模式选择、物流业务预测、企业的组织架构等进行相应的运作管理的能力
11	物流过程监控评价能力	能够应用监控与评价的知识、理论，管控物流作业、运营过程，能够应用相应的工具和方法，进行物流业务数据分析，并提出物流业务环节的改进建议和措施等的能力
12	物流技术技能操作能力	物流作业流程和管理中相应技术技能及方法实践运用的综合能力
13	物流商务能力	保障物流活动商业事务顺利进行而涉及的专有商务技能，如物流营销、物流客户维护、售后服务管理、物流服务交易管理、国际商务等综合能力

5.2.1.2 现代职业教育物流管理专业本科人才核心能力调查问卷设计

（1）调查目的和方法

为了进一步了解现代职业教育物流管理专业本科人才核心能力体系的层次构成，我们针对13种核心能力进行问卷调查，期望为人才培养目标的明确、课程体系的设计提供更为科学的参考依据。我们结合13种能力的具体内涵，设计相应的问卷题目，并通过对调查数据的统计计算和分析，对现代职业教育物流管理专业本科人才的13种核心能力进行评估。

根据核心能力的内涵和问卷设计的内容，我们主要采用相关分析法、因子分析法和灰色理论分析法对调查统计数据进行分析处理。

（2）样本的选择

①调查对象

调查对象主要针对三个层面：首先是物流管理专业即将毕业的学生。他们已经接受了近四年的专业培养，对物流管理专业的理论知识和技术技能有一定的认识，同时由于处于就业的时间节点，他们对用人单位的能力和技能需求体会较为深刻。其次是物流管理专业教师。他们对于物流管理专业学生所应具备的核心能力有一定的认知，也对学生核心能力的培养及形成的具有重要影响。最后是企业相关人员。他们主要涉及企业人力资源部门和物流相关部门，该类调查对象对物流管理职业和岗位所需的核心能力有较为清晰的认知。

②样本容量

调查形式主要采用网络调查方法。问卷共回收290份，经过筛选，确定其中 287 份问卷为有效问卷，问卷有效率为 98.96%。调查对象中，拥有本科及以上学历者占 97.91%，目标调查群体符合要求。

（3）调查问卷设计的原则

为了保证现代职业教育物流管理专业本科人才核心能力调查问卷的科学性，进行问卷设计时，我们根据调查的具体情况遵循了以下原则：

①系统性原则

现代职业教育物流管理专业本科人才的核心能力是一个综合性的能力体系，因此，问卷的设计需要从系统的角度出发，从整体的、相互作用的角度进行核心能力体系具体能力的调查问题设计，注意问题与问题之间的系统逻辑关系。

②目的性原则

问卷调查问题的设置必须与所调查的主题一致，在问卷设计之初就要找出调查主题的要素，并具体形成询问的问题以便被调查者回答，在问卷设计时重点突出，避免出现重复的、不相关的调查问题。

③一般性原则

我们邀请高校教师、企业专家、企业部门员工、学生四类调查相关人员代表进行题目的共同审核，以确保调查问卷题目的普遍意义，使得设计的题目容易让被调查者接受，同时在问卷设计时注意不应出现常识性的错误。

④简明性原则

调查内容的设计要简单明确，力求以最少的题目设计涵盖必要的、完整的信息资料，问题和问卷的设计要简洁、明确，文字不宜过长，问题的设计应便于被调查者识读、作答。

⑤客观性原则

在问卷设计时，不能为了得到某个想要的结果而设置诱导性问题，从而违背调查问卷本身的目的，影响调查结果的客观性和可靠性。

（4）问卷题目设计

根据现代职业教育物流管理专业本科人才的核心能力内涵，整个问卷共设计 26 道题目，涵盖 13 种核心能力，应用具象化的设计理念，将每种能力通过两道题的对比调查使能力具体化、形象化，让被调查者更准确地理解核心能力内涵，使得问卷收集的信息更为精准。同时，为了便于问卷的后期处理，将问卷题目答案设计为 5 个标度，5 个标度按照"好""较好""一般""较差""差"分别赋值为 1、2、3、4、5，以便于问卷数据的量化。在进行具体分析计算时，针对每种能力的两道题目得分，可取平均值体现该种能力的最后打分情况。具体问卷见附录4。

5.2.1.3 现代职业教育物流管理专业本科人才核心能力体系结构分析

（1）现代职业教育物流管理专业本科人才核心能力层次的计算

①核心能力层次的计算原理

我们根据现代职业教育物流管理专业本科人才核心能力的内涵，利用因子分析法结合灰色理论建立相应的计算分析模型[50]。具体原理及计算过程如下：设职业核心能力的观测变量为 x_1，x_2，$\cdots$，x_p，且每个变量经过标准化处理后均值为0，标准差均为1，则将原有变量用 k 个因子来表示，有

$$\begin{cases} x_1 = a_{11}f_1 + a_{12}f_2 + \cdots + a_{1k}f_k + \varepsilon_1 \\ x_2 = a_{21}f_1 + a_{22}f_2 + \cdots + a_{2k}f_k + \varepsilon_2 \\ \quad\quad\quad\quad \cdots \\ x_p = a_{p1}f_1 + a_{p2}f_2 + \cdots + a_{pk}f_k + \varepsilon_p \end{cases} \quad (5-1)$$

上式可以表示成矩阵形式，即 $X = AF + \varepsilon$，其中，F 为公共因子，A 为载荷矩阵，a_{ij} 为因子载荷，它表示第 i 个变量在第 j 个因子上的负荷。ε 为特殊因子，表示原有变量不能被因子解释的部分，其均值为0。经过因子分析计算可得出 m 种能力在 k 个公共因子上的得分矩阵 B。

$$B = \begin{bmatrix} b_{11} & b_{12} & \dots & b_{1k} \\ b_{21} & b_{22} & \dots & b_{2k} \\ \vdots & \vdots & \dots & \vdots \\ b_{p1} & b_{p2} & \dots & b_{pk} \end{bmatrix} \quad (5-2)$$

将得分矩阵 B 作为灰色聚类评估的观测对象，进行灰色聚类分析，采用基于中心点的三角白化权函数灰色评估模型进行聚类评估。按照评估要求划分的灰类数 s，分别确定灰类的中心点 λ_s；对于主成分 k 的一个计算值 b，可由

$$f_k^q(b) = \begin{cases} 0 & b \notin [\lambda_{q-1}, \lambda_{q+1}] \\ (b - \lambda_{q-1})/(\lambda_q - \lambda_{q-1}) & b \in [\lambda_{q-1}, \lambda_q] \\ (\lambda_{q+1} - b)/(\lambda_{q+1} - \lambda_q) & b \in [\lambda_q, \lambda_{q+1}] \end{cases} \quad (5-3)$$

计算 m 种能力关于灰类 q（q=1，2，$\cdots$，s）的综合聚类系数为：

$$\sigma_h^q = \sum_{k=1}^{k} f_k^q(b_{pk}) \eta_k, \quad (5-4)$$

其中，$f_k^q(b_{pk})$ 为因子计算值关于 q 子类的白化权函数，η_k 为因子 k 在综合聚类中的权重，可将因子分析时所提取出的公共因子的方差贡献率作为权重。

最后，由 $\max_{1 \leqslant q \leqslant s}(\sigma_h^q) = \sigma_h^{q^*}$，判断能力 m 属于灰类 q^*。

②问卷结果计算

问卷设计完成后采用网络形式进行调查，具体调查结果如附录 7 所示。我们对调查结果利用 SPSS 软件进行信度计算，得到克朗巴哈系数为 0.923，即调查问卷所得数据具有可靠性。对问卷数据进行因子分析，并提取到 6 个主成分，6 个主成分的方差贡献率达到 80.135%，可认为所提取的主成分能够反映所有样本 80%以上的信息，即提取的主成分有效。具体如表 5-7 所示。

表 5-7　因子分析主成分表

成分	解释的总方差表								
	初始特征值			提取平方和载入			旋转平方和载入		
	合计	方差的 %	累计 %	合计	方差的 %	累计 %	合计	方差的 %	累计 %
1	6.460	49.689	49.689	6.460	49.689	49.689	3.156	24.277	24.277
2	1.367	10.516	60.205	1.367	10.516	60.205	2.071	15.928	40.205
3	0.819	6.300	66.505	0.819	6.300	66.505	1.935	14.882	55.087
4	0.675	5.195	71.700	0.675	5.195	71.700	1.326	10.202	65.289
5	0.568	4.371	76.071	0.568	4.371	76.071	1.039	7.990	73.279
6	0.528	4.064	80.135	0.528	4.064	80.135	0.891	6.856	80.135

表 5-7 中，各主成分的方差贡献率为灰色聚类分析所用到的权重，对其进行归一化，可得 η_k = {0.620 1, 0.131 2, 0.078 6, 0.064 8, 0.054 5, 0.050 7}。我们根据表 5-7 提取的主成分，进行成分转换，得到成分转换矩阵，具体如表 5-8 所示。

表 5-8　成分转换矩阵

成分	1	2	3	4	5	6
1	0.616	0.427	0.448	0.341	0.249	0.242
2	−0.632	0.689	0.106	−0.112	0.319	0.025
3	0.349	0.415	−0.835	−0.065	0.052	−0.038
4	−0.189	−0.217	−0.204	0.762	0.453	−0.300
5	0.164	−0.300	0.008	−0.510	0.789	0.003
6	−0.192	−0.184	−0.222	0.161	0.072	0.921

我们运用灰色理论聚类评估方法，根据 13 种能力在 6 个公共因子上的得分，经多次尝试，得到灰色聚类中心点序列：$\gamma_0 = -0.7$，$\gamma_1 = -0.2$，$\gamma_2 = 0$，$\gamma_3 = 0.5$，$\gamma_4 = 1.5$，由此计算得到 13 种能力关于三个灰类的灰色隶属度，具体如表 5-9 所示。

表 5-9 13 种能力的灰色隶属度表

	灰类		
	S1	S2	S3
观察思考能力	0.095 8	0.154 9	0.730 9
专业表达能力	0.500 2	0.358 6	0.123 2
研究与创新能力	0.068 7	0.598 4	0.322 2
协调与安排能力	0.198 8	0.645 0	0.149 1
心理承受能力	0.170 5	0.150 8	0.646 7
团队合作能力	0.127 1	0.574 4	0.284 7
沟通能力	0.019 1	0.622 0	0.323 5
自我学习能力	0.024 2	0.514 5	0.434 8
物流系统分析能力	0.076 6	0.319 9	0.587 9
物流运营与管理能力	0.149 4	0.706 2	0.120 8
物流过程监控与评价能力	0.504 8	0.287 5	0.196 2
物流技术技能操作能力	0.460 1	0.431 9	0.108 0
物流商务能力	0.464 2	0.393 6	0.137 2

由计算结果可知，属于 S1 灰类的有：专业表达能力、物流过程监控与评价能力、物流技术技能操作能力、物流商务能力；属于 S2 灰类的有：研究与创新能力、协调与安排能力、团队合作能力、沟通能力、自我学习能力、物流运营与管理能力；属于 S3 灰类的有：观察思考能力、心理承受能力、物流系统分析能力。

（2）现代职业教育物流管理专业本科人才核心能力体系构成层次的特征分析

①S1 灰类所属能力分析

S1 灰类由专业表达能力、物流过程监控与评价能力、物流技术技能操作能力、物流商务能力 4 种能力构成。考查 S1 灰类所属能力的整体构成可以发现，4 种能力均涉及物流管理理论知识和技术技能的实践应用，因此，可将 S1 灰类界定为专业性核心能力层。在该层中，物流过程监控与评价能力、物流技术技能操作能力这两种能力更多地强调物流业务过程中的技术技能操作能力的掌握状况，因此可将这两种能力归纳为该层次的技术能力维度；而专业表达能力、物流商务能力则更多地强调了应用专业知识进行物流领域相关问题和业务的描述、交流、交易，因此，可将专业表达能力、物流商务能力归结为营商能力维度。

②S2 灰类所属能力分析

S2 灰类由研究与创新能力、协调与安排能力、团队合作能力、沟通能力、自我学习能力、物流运营与管理能力 6 种能力构成。考察该灰类所属的能力构成可以发现，这 6 种能力都能够随着学生在具体工作岗位实践经验的不断丰富而不断提升和发展，6 种能力的良好培育也能够使学生快速适应物流管理领域的岗位变化和职业调整，对学生的职业生涯发展具有重要意义。基于此，可将该灰类界定为发展性核心能力层。进一步考察该层所涵盖的能力，可以划分为两个维度。协调安排能力、团队合作能力、沟通能力、物流运营与管理能力均涉及与管理相关的知识和内容，因此可将这 4 种能力归为管理维度，而研究与创新能力、自我学习能力则更强调智力要素作用下相应知识和能力的深度应用，因此可将这两种能力归为智力维度。

③S3 灰类所属能力分析

S3 灰类则由观察思考能力、心理承受能力、物流系统分析能力 3 种能力构成。社会经济的发展，物流业新技术、新方法的不断应用，使物流业务复杂程度不断提升，需要相关从业人员具备良好的观察思考能力和心理承受能力，从而能够高效应对物流行业较高的工作压力和工作强度，而物流系统分析能力则强调对物流管理领域基础知识和理论的理解及应用，是从事物流管理相关职业的基础能力要求，因此，可将 S3 灰类界定为基础性核心能力层。同样可将该层次的能力划分为两个维度。观察思考能力、心理承受能力是学生内在素质和能力的体现，可将这两种能力归结为内在素质维度，而物流系统分析能力则是物流管理相关理论知识和技术技能的掌握和应用，可将该能力划分为应用维度。

基于上述分析，可将现代职业教育物流管理专业本科人才的核心能力体系划分为 3 个层次、6 个维度，具体如图 5-2 所示。

5.2.2 现代职业教育物流管理专业本科人才培养目标的确定

我们根据《中国制造 2025》战略对生产性服务业人才需求的特点，结合现代职业教育本科人才培养的本质属性，从物流业发展的实际出发，确定现代职业教育物流管理专业本科人才的培养目标。

5.2.2.1 人才培养目标的确定

培养具备良好的思想素质、人文社会科学素养和职业道德，具有一定的实践能力和创新精神，掌握物流管理专业基础理论知识和技术技能，具备较强专

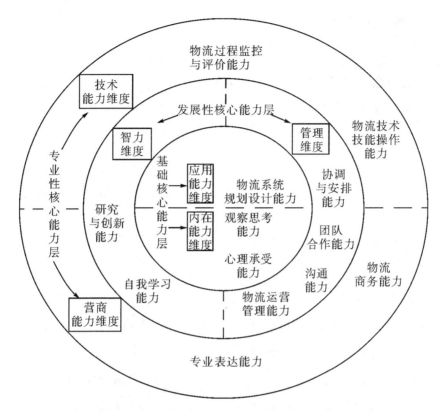

图 5-2　现代职业教育物流管理专业本科人才的核心能力体系构成

业技能和物流与供应链管理能力，能够胜任现代化制造企业、物流企业、商贸流通企业等单位采购物流、生产物流、销售物流、物流管理、流程优化等工作，也能在政府相关部门、研究机构进行物流管理规划、设计、咨询工作的高素质、高层次技术技能型人才。

5.2.2.2　培养规格

（1）知识结构要求

①掌握较宽厚、扎实的管理学、物流学、经济学基本理论。

②具有自然科学、社会科学等领域的基本知识。

③掌握物流管理基础知识、国际物流基础知识，掌握物流规划和流程优化方法，掌握物流管理数据分析、处理的基本理论和方法。

④具备本专业工作所需要的计算机应用基础、良好的英语基础知识。

（2）核心能力要求

①掌握数学、管理学、经济学等方面的基本理论和基本知识；掌握数据分

析和流程优化的基本知识和方法。

②掌握文献资料的查询、检索等技术方法，能够进行自我学习提升，具备快速追踪现代物流管理新思想、新技术、行业发展新动态的能力。

③具有提出问题、分析问题和解决问题的能力，具备物流管理领域计划制订、流程优化的基本能力。

④具有较强独立思考、勇于创新的思维能力，具备物流运营管理、物流方案设计、创新能力。

（3）素质结构要求

①具有良好的思想品德、职业素养以及具有团结友爱、乐于奉献的人文情怀和社会责任感；

②具有科学与创新精神，视野开阔，敢于探索，勇于创新；

③具有健康的体魄、纯洁的心灵、向上的心态、豁达的胸襟。

从上述培养目标和培养规格可以看出，现代职业教育物流管理专业本科人才培养在强调基础知识和理论学习的同时，对物流活动过程环节管理、物流规划制定、物流运作流程优化等方面的技术技能明确了培养要求，使得物流管理专业人才培养目标的应用性和实践性更为突出。

5.2.3　现代职业教育物流管理专业本科人才培养课程体系设计

根据现代职业教育物流管理专业本科人才的核心能力构成体系，参照《本科专业类教学质量国家标准》，结合相关文献[51-52]的研究成果，现代职业教育物流管理专业本科人才核心能力培养的课程支撑对应关系如表5-10所示。

表5-10　现代职业教育物流管理专业本科人才核心能力培养课程支撑对应关系

层次	核心能力	课程支撑
基础性职业核心能力	观察思考能力	思想道德修养与法律基础、马克思主义基本原理、毛泽东思想和中国特色社会主义理论、形势与政策、中国近代史纲要、毕业实习、公共选修课程、素质提升实践
	心理承受能力	公共选修课程、素质提升实践、毕业实习
	物流系统分析能力	运筹学、设施规划与物流分析、供应链管理、物流系统工程、物流系统规划与设计、供应链建模与应用、物流企业综合模拟实践、毕业实习、毕业论文

表5-10(续)

层次	核心能力	课程支撑
发展性职业核心能力	协调安排能力	管理学、运筹学、大学生就业指导、素质提升实践、毕业实习
	团队合作能力	大学生就业指导、军事理论、体育、军事训练、管理学、生产与运作管理、素质提升实践
	沟通能力	公共选修课、大学英语、专业英语、管理学、体育、毕业实习、素质提升实践
	研究与创新能力	计算机基础、计算机网络基础、统计学、物流学、经济学、大数据技术与应用、物联网导论、冷链物流管理、毕业实习、毕业论文
	自我学习能力	高等数学、线性代数、概率论与数理统计、管理学、经济学、学术论文写作与训练、毕业实习、毕业设计
	物流运营与管理能力	管理学、生产与运作管理、会计学、供应链管理、ERP原理及应用、物流企业综合模拟实践、物流管理综合实践、冷链物流管理、现代物流理论及实践前沿、毕业实习、毕业论文
专业性职业核心能力	专业表达能力	公共选修课程、物流学、运筹学、统计学、经济学、专业英语、学术论文写作训练、毕业论文
	物流过程监控与评价能力	物流信息管理、物流系统工程、物流系统仿真、物流管理综合实践、物流系统规划与设计、物流系统工程、物联网技术导论、冷链物流管理、设施规划与物流分析
	物流技术技能操作能力	仓储与配送管理、物流运输管理、仓储管理课程设计、智慧物流、物流管理综合实践、冷链物流管理、国际货代与报关实务
	物流商务能力	物流学、经济学、会计学、管理学、电子商务、市场营销、商务应用文写作训练、国际物流管理、国际物流管理课程设计

由表5-10可以看出，基础性核心能力层中的观察思考能力、心理承受能力是学生内在素质能力，体现学生观察事物、心理承受和自我调节的能力，多

通过非专业类课程进行培养，而物流系统分析能力则是物流管理相关理论知识和技术技能的运用，因此，该能力的培养需要通过知识性、技术性、综合性较强的课程进行培养如运筹学、物流管理综合实践、毕业论文等课程。在发展性核心能力层中，协调安排能力、团队合作能力、沟通能力、物流运营与管理能力具有明显的管理知识、技能的特征，因此该维度能力的培养，可通过管理学、生产与运作管理以及与管理知识和技能关联度较高的课程进行培养；研究与创新能力和自我学习能力则是对知识和技能的深层次运用，涉及问题解决、技术创新等，因此需要通过相应的难度较高的理论、实践课程进行培养，如高等数学、大数据技术与应用、毕业实习、毕业论文等课程。专业核心技能层中的 5 种能力体现出物流行业领域的专业理论知识和技术技能特征，因此多通过专业理论课程及实践课程进行相应的能力培养。

综合上述分析，根据物流管理高层次技术技能型人才培养目标，参照《本科专业类教学质量国家标准》，我们设计了现代职业教育物流管理专业本科人才培养课程体系。课程体系包括通识类课程、学科基础类课程、专业课程、实践教学环节四个组成部分。具体课程体系如表 5-11 所示。

表 5-11   现代职业教育物流管理专业本科课程体系结构

模块	类别	课程名称	性质
通识类课程	思想政治类	思想道德修养与法律基础	必修
		中国近代史纲要	
		马克思主义基本原理	
		毛泽东思想和中国特色社会主义理论	
		形势与政策	
	外语类	大学英语	
	军事体育类	军事理论	
		体育	
	数理基础类	高等数学	
		线性代数	
		概率论与数理统计	
	创新创业类	大学生职业生涯规划	
		人学生就业指导	
		创新创业教育	
		通识类选修课程	选修

表5-11(续)

模块	类别		课程名称	性质
学科基础类课程	学科基础类		管理学原理	必修
			会计学原理	
			计算机基础（VB）	
			计算机网络基础	
			物流学	
			运筹学	
			统计学	
			经济学	
			市场营销	
			生产与运作管理	
专业课程	专业必修类		供应链管理	选修
			仓储与配送管理	
			物流运输管理	
			专业英语	
			物流信息管理	
	专业选修类	生产物流方向	ERP原理及应用	
			物流系统仿真	
		物流商务方向	电子商务概论	
			国际物流管理	
		物流系统规划方向	设施规划与物流分析	
			供应链建模与应用	
	专业技术前沿类（任选）		智慧物流	
			大数据技术与应用	
			物联网技术导论	
			冷链物流管理	
			国际货代与报关实务	
			现代物流理论及实践前沿	

表5-11(续)

模块	类别	课程名称	性质
实践教学环节	通识实践类	军事训练	必修
		素质提升实践（课外）	
	专业实践类	物流企业综合模拟实践	
		仓储管理课程设计	
		物流设施规划课程设计	
		国际物流管理课程设计	
		学术论文写作训练	
		物流管理综合实践	
		商务应用文写作训练	
		毕业设计	
		专业实习	

　　通识类课程主要包含思想政治类、外语类、军事体育类、数理基础类和创新创业类五大类课程，是现代职业教育本科人才培养的基础理论知识。

　　学科基础类课程是物流管理专业的基础知识、基本理论课程，是现代职业教育本科人才具备扎实基础理论知识的体现。其中管理学、会计学、运筹学、市场营销、生产与运作管理5门课程是物流管理专业基础类课程，对这类课程的学习能够进一步从学科专业角度，夯实现代职业教育物流管理专业本科人才培养的理论知识基础，为物流管理专业学生适应职业变换和岗位迁移打下良好的理论知识基础；而经济学、统计学、计算机基础、计算机网络基础是专业工具类课程，对该类课程的学习，有利于学生运用相关的技术、技能、工具进行物流管理活动中相应问题的分析、处理和解决。

　　专业类课程则包含专业必修类、专业选修类和专业技术前沿类三大类课程，其中专业必修类课程包含供应链管理、仓储与配送管理、物流运输管理、专业英语、物流信息管理5门课程，涵盖物流管理专业基础知识和理论的内容，是物流管理专业学生从事物流管理职业岗位必须学习的理论知识，而专业英语课程则是了解国内外物流管理知识、理论和实践最新发展动态和趋势的重要工具，同时也是物流商务活动所必须掌握的技能。专业选修课程则按照生产物流方向、物流商务方向和物流系统规划三个方向设置课程，学生可以根据自身的学习状况及兴趣进行相应的专业方向选择，体现现代职业教育本科人才培养以人为本的教育理念。其中，生产物流方向是针对企业生产制造过程中的物流活动而开设的专业方向，涉及 ERP 原理及应用、物流系统仿真 2 门课程。该方向具有明显的制造业相关性特征，是物流管理专业作为生产性服务业对制造业发展支撑保障作用的重要体现。物流商务方向则包含电子商务概论、国际物流管理 2 门课程。近年来，随着电子商务和"一带一路"建设的实施，物流行业对电子商务人才、国际物流人才需求旺盛，这两门课程的开设正是现代职业教育物流管理专业本科人才培养服务于区域经济发展的体现，能够保证区域经济发展对电子商务、国际物流领域的人才供应。物流系统规划方向包含设施规划与物流分析、供应链建模及应用 2 门课程。这两门课程具有较强的理论性、技术性特征，可以满足学生对物流管理知识与技术深层次的探索需求。专业技术前沿类课程包含智慧物流、大数据技术与应用、物联网技术导论、冷链物流管理、国际货代与报关实务、现代物流理论及实践前沿 6 门课程。这6门课程是物流管理领域新技术、新理论应用趋势的体现，能够使学生及时了解当前物流领域的发展趋势和理论以及技术技能应用情况，激发学生对物流领域知识、技能的学习、探究兴趣，提高学生创新能力、应用能力培养的效果。

实践教学环节是现代职业教育本科人才培养的重要关注点，通识实践类课程是培养学生非专业性核心能力的重要方式。专业实践课程则是现代职业教育物流管理专业本科人才应用能力、实践能力培养的主要手段，可以分为专业技术类、专业综合类两类实践课程。专业技术类课程包含物流企业综合模拟实践、仓储管理课程设计、物流设施规划课程设计、国际物流管理课程设计 4 门课程。该类型课程是学生在完成专业知识、理论学习后，进行验证、操作、实践的课程，主要在校内实践基地进行。专业综合类课程则包含商务应用文写作训练、学术论文写作训练、物流管理综合实践、毕业实习、毕业论文 5 门课程。其中商务应用文写作训练、学术论文写作训练是对学生专业表达能力、文字写作功底的训练，能够使学生掌握相应的写作方法和技巧，提高学生物流管理职业岗位的从业能力和发展潜力，而物流管理综合实践、毕业实习、毕业论文实践课程则是学生在完成物流管理专业理论知识、技术技能学习后，对真实岗位的实践体验。毕业实习和毕业论文实践课程的开设能够加深学生对所学理论知识和技术技能的理解程度，促进学生生产实践一线应用能力、创新能力的提高。

需要说明的是，对于物流管理专业职业能力训练，在课程体系设计时并没有安排专门的课程进行学习训练，而是在教学过程中融入物流管理职业岗位需求内容，在四年的本科教学过程中潜移默化地提升学生的职业岗位能力，从而体现现代职业教育物流管理专业本科人才培养的职业性特征。

5.2.4　理论教学改革

现代职业教育物流管理专业本科人才培养，需要根据学生的实际情况，结合课程的特点采用不同的教学手段和教学方法，不断尝试新方法、新技术，优选科学有效的教学手段，以促进人才培养、核心能力培养目标的达成。

在具体教学过程中，应积极推行理论知识与技术技能应用相结合的教学模式，坚持在不同的教学情景中进行以学生为主体、以教师为主导的教学方式，从而有效促进学生理论知识的掌握以及技术技能的培养。例如，在物流管理专业课程体系中，设施规划与物流分析是顺应现代物流业发展对高层次技术技能型人才的需求而开设的一门课程。该课程与物流设施、设备的认知以及物流设施规划分析等方面的工作紧密相关，实践性较强。基于此，应针对现代物流行业对技术技能型人才需求的具体实际，结合该课程的特点，认真分析并归纳总结该课程的各典型工作阶段，确立基于工作过程的项目驱动、任务驱动导向式的案例教学方法及手段。整个教学过程可分为三个阶段：首先，介绍物流设施、设备的有关理论知识，讲解物流设施规划的基本理论，利用多媒体及软件工具等方式提高教学效果；其次，进行案例教学，针对不同的物流设施及规划设计案例进行分析，并由教师进行操作、演示，从而加深学生对所学知识的掌握和理解；最后，由学生进行物流设施规划的实践。教师给出物流设施规划的实际项目和任务，对学生进行分组，并由学生自己确定在具体项目中承担的任务，指导教师全程跟进指导，并对关键知识点、关键技术技能进行重点强调，有意识地培养学生相应的核心能力。在具体教学过程中，针对每个阶段的特点，以相应职业标准为依据，又设计了不同的任务单元，从而有效培养学生团队合作、沟通、物流系统分析等方面的核心能力。

教学手段和方式的改革是有效培养现代职业教育物流管理专业本科人才的必要条件。只有根据当前学生的特点，结合不同课程的实际情况，积极采用先进的教学模式和手段，才能更加有效地提升现代职业教育本科人才的核心能力，促进人才培养的成效不断提高。

5.2.5　实践能力培养

按照现代职业教育物流管理专业本科人才核心能力的培养目标，借鉴国内外成功的实践教学模式（如 CDIO 模式、PBL 模式等），积极建设校内实践基地，搭建校企合作平台，为学生核心能力的培养提供良好的保证。在具体实践教学过程中，以核心能力的培养为主要目标，力争实现四个体现、一个提高，即实现教室与实训中心合一，体现以实践教学为中心；理论与实践合一，体现以核心能力培养为中心；理论教师与实践教师合一，体现讲练结合；学生与员工角色合一，体现真实工作情景的理论知识和技术技能运用；教学与科研合一，提高学生技术技能的实践创新能力。

在实践能力培养中，由于专业性实践教学课程与相应的理论课程相对应，应在巩固学生对理论知识的掌握的同时，进一步强化学生的技术技能应用能力，如物流设施规划课程设计与设施规划跟物流分析理论课程相对应，在理论课程相关知识学习的基础上，实践课程中则根据物流管理职业岗位的实际项目，借助相应的软件、设计分析工具进行物流系统的规划设计，同时在实践课程实施完成后，学生需形成物流系统规划的作品和成果并进行相应演示。对于综合性实践课程，如物流管理综合实践、毕业实习等课程，则需要充分借助校外实践基地，采用校内实践教师和企业实践导师相结合的双导师教学方式。如在毕业实习时，由校内教师带队进驻物流企业，企业实践导师具体负责每个学生的岗位实践指导，向学生传授相应的工作经验和技术技能，以促进学生对所学理论知识的应用，而校内教师则在学生实践工作过程中，从理论的角度深入分析和解释具体的工作环节、技术技能操作所涉及的知识和原理，从而进一步提升学生在实践过程中知识、技能应用的层次，激发学生的创新潜能和欲望，在促进学生技术技能实践应用能力提升的同时，有效培养学生的研究与创新能力。

5.2.6　人才培养保障

5.2.6.1　软硬件环境保障

本书中实证研究的这所现代职业教育物流管理专业本科人才培养学校，为该专业人才培养提供了良好的硬件条件和软环境氛围。在硬件条件方面，学校建立了物流管理实验室，拥有相应的计算机设备、软件及物流操作设备，很好地保障了学生校内教学任务的完成，同时学校还建立了物流管理专业的校外实践基地，从而保障了学生实践能力、应用能力的培养。在软环境氛围打造方面，学校的校风、学风良好，配备专职的辅导员和班主任，督促学生学习任务的完成以及良好学习习惯的养成，使学生能够在优良的学习氛围中学习、训练，从而保障人才培养目标的达成。

5.2.6.2　师资队伍保障

师资队伍是人才培养过程中知识学习、核心能力培育的关键影响因素。根据培养现代职业教育本科人才核心能力的需要，通过引进、培养、特聘等多种形式，吸引具有良好教学经历、科研能力和实践经验（"三位一体"）的优秀人才作为人才培养的中坚力量，引进培养具有良好的专业能力和研究能力、学风严谨的师资。目前，该校物流管理专业共有教师 10 名，其中，教授 2 名、副教授 4 名、讲师 4 名，其中具有博士学位的教师 6 名，具有硕士学位的教师 4 名。该专业所有教师均取得了相应的职业资格证书，其中 5 名教师具有企业相关工作经历，实践经验丰富，形成了结构合理、理论与实践相结合的"双师型"师资队伍，从而能够胜任并进一步促进现代职业教育物流管理专业本科人才核心能力的培养。

5.2.6.3 制度保障

该校在现代职业教育物流管理专业本科人才培养的过程中，在原有制度的基础上，制定了新的教学制度、管理制度、评价制度，以保障人才培养目标的有效达成。如从教材选择、教法革新等方面制定了专门针对现代职业教育本科人才培养的相关教学制度，从而保证人才培养的应用性、职业性特征；制定并完善了相应的管理制度，并设立了专门的现代职业教育人才培养管理机构，专门负责相应的日常工作事务；明确现代职业教育本科人才培养的重要性，并且在教师考评、职称评定等方面给予相应的倾斜，以保障教师在人才培养过程中主导地位的充分发挥。

5.2.7 人才培养成效评价

通过近四年时间的努力，现代职业教育物流管理专业本科人才培养实证研究方案的实施现在已基本完成。在实证研究过程中，教师和学生共同克服困难，及时纠正偏差，保证了实证研究的顺利进行。例如在实证研究中，采用任务导向教学方式，部分同学觉得任务量较大，有畏难心理，教师及时发现问题的关键，对学生进行疏导，使其心理承受能力加强，最终圆满完成学习任务。在整个实证研究过程中，任课教师不断探索和尝试新的教学手段、教学方法，以激发学生的学习兴趣。例如在物流信息管理课程当中，任课教师利用最新的多媒体接口及时进行课程讲解，并借助仿真软件对部分物流环节和过程进行仿真，极大地引起了学生的学习兴趣，使得该门课程取得了良好的教学效果。同时，在人才培养实施过程中，及时总结新教学方法和手段应用的成功案例及经验并进行推广，从而能够将好的教学手段和方法快速应用到教学实践当中，以保障人才培养成效的不断提升。

为了检验现代职业教育物流管理专业本科人才培养的科学性和有效性，我们针对 2016 级学生和其毕业实习的实习单位分别设计问卷，以具体分析学生和实习单位对现代职业教育本科人才培养成效的感受情况。问卷主要从学生核心能力培养状况角度来反映现代职业教育本科人才的培养成效,具体问卷见附录5、附录6。

5.2.7.1　现代职业教育物流管理专业本科人才培养效果学生问卷

学生问卷部分共13道题目,分别对应13种核心能力。其中,题目1~3分别对应观察思考能力、心理承受能力、物流系统分析能力,旨在了解学生基础性核心能力的培养状况;题目4~9则对应协调安排能力、团队合作能力、沟通能力、研究创新能力、自主学习能力、物流运营管理能力,主要考查学生发展性核心能力的培养情况;题目10~13对应专业表达能力、物流过程监控与评价能力、物流技术技能操作能力、物流商务能力,意在从学生实践体验的角度考查专业性核心能力的培养情况。

问卷调查针对2016级学生,共计76人,其中女生57人、男生19人,男女生分别占比25%和75%。问卷调查的目的在于了解学生在整个实证研究方案实施过程中,对核心能力培养成效的感受情况。问卷调查结果如表5-12所示。

表5-12　物流管理专业职业核心能力培养学生问卷调查结果

题目	A		B		C		D		E	
	人数/人	占比/%	人数/人	占比/%	人数/人	占比/%	人数/人	占比/%	人数/人	占比/%
1	51	67.11	19	25.00	6	7.89	0	0	0	0
2	46	60.53	22	28.95	7	9.21	1	1.32	0	0
3	20	26.32	42	55.26	13	17.11	1	1.32	0	0
4	36	47.37	22	28.95	12	15.79	6	7.89	0	0
5	55	72.37	20	26.32	1	1.32	0	0	0	0
6	46	60.53	25	32.89	5	6.58	0	0	0	0
7	17	22.37	40	52.63	16	21.05	3	3.95	0	0
8	41	53.95	30	39.47	3	3.95	2	2.63	0	0
9	8	10.53	35	46.05	30	39.47	3	3.95	0	0
10	17	22.37	38	50.00	18	23.68	3	3.95	0	0
11	20	26.32	30	39.47	18	23.68	6	7.89	2	2.63
12	14	18.42	41	53.95	17	22.37	4	5.26	0	0
13	9	11.84	27	35.53	26	34.21	11	14.47	3	3.95

（1）基础性核心能力层培养成效分析

从问卷结果可以看出，基础性核心能力层整体能力培养状况良好。对于观察思考能力、心理承受能力，选择 A 选项的学生数均超过其他选项，说明这两种能力的培养取得了良好的成效。对于物流系统分析能力，选择对物流系统基础知识掌握应用达到 70%～90% 的学生人数占比为 55.26%，但是，仍有 17.11% 的学生选择了 50%～70%，说明在物流系统基础知识的应用能力方面，取得了较好的培养效果，同时，也表明相对于该层的其他两种能力，物流系统分析能力可以通过相应课程进一步夯实学生对物流基础知识的掌握和应用。

（2）发展性核心能力层培养成效分析

对于发展性核心能力层而言，问卷结果显示培养成效整体处于较好的状态，具体到每种能力，其培养状况有所不同。对于协调安排能力、团队合作能力、沟通能力、自主学习能力这四种能力，选择 A 选项的人数均超过其他选项的人数，说明学生通过现代职业教育本科人才培养体系的培养，在这四种能力的养成上取得了良好的成效，尤其在团队合作能力方面，选择 A 选项的学生超过了 70%，说明在现代职业教育本科人才培养过程中，在合作意识、团队职责承担方面取得了优良的培养效果，这对学生毕业后顺利融入工作环境、迅速开展工作具有重要意义。对于研究创新能力和物流运营管理能力，选择 B 选项的学生最多，这说明学生对于这两种能力的培养较为认可，深入分析可以发现，研究创新能力 A、B 两个选项人数所占比例超过 75%，总体培养状况良好，而在物流运营与管理能力方面，学生的选择主要集中于 B、C 两项，有 46.05% 的学生认为比较符合题目中对物流运营管理能力掌握情况的描述，而 39.47% 的学生认为只有在部分工作场合情况下才能体现出物流管理运营能力的具备情况。考察该能力的具体内涵可以发现，学生在学习物流运营管理相关知识的同时，更需要实践的历练和经营管理经验的积累。学生的选择情况进一步说明现代职业教育物流管理专业本科人才培养中对该项能力的培养已取得了一定的效果，同时，还需要在课程中强化物流运营管理知识的实践应用，进一步提升该能力的培养成效。

（3）专业性核心能力层

在专业性核心能力培养方面，学生所选选项主要集中于 B 选项，这说明该层的能力培养取得了较好的培养成效，其中专业表达能力、物流过程监控与评价能力、物流技能操作能力的 A、B 选项人数总和占比均超过 50%，甚至在专业表达能力和物流技能操作能力方面的占比超过 70%，说明现代职业教育物流管理专业本科人才培养在知识、理论的应用描述以及物流管理相关技术技能的操作使用方面取得了较好的培养成效，突出了学生应用性、职业性的培养特征。值得注意的是物流商务能力，学生的选项集中于 B、C 两项。通过了解学生在实践中的具体工作岗位可以发现，实习中学生对于营销和商务活动几乎没有参与，相关的物流商务活动通常集中于企业工作相关的庆典等活动的参与和策划以及对电子商务物流服务产品的售前、售后咨询服务，导致学生该项能力培养获得感较弱、实践过程中学生该项能力的实践体验不足。鉴于此，可加强相应案例的分析和指导，从而让学生在校学习期间就能够对物流营销策划、物流商务活动的实践情景有所体验，为物流商务能力实践经验的快速积累打下良好基础。

5.2.7.2　现代职业教育物流管理专业本科人才培养成效实习单位问卷

实习单位问卷主要是从企业角度出发对学生工作中所表现出的专业能力和综合素质进行评判，通过与往届学生的对比，体现现代职业教育物流管理专业本科人才培养的成效。问卷共包含 15 道题目，其中 1~2 题考察企业对学生培养总体成效的认知状况，3~5 题分别对应观察思考能力、心理承受能力和物流系统分析能力，旨在了解学生基础核心能力的培养状况；题目 6~11 则对应协调安排能力、团队合作能力、沟通能力、研究创新能力、自主学习、物流运营与管理能力，主要考查企业对学生发展性核心能力培养的认可程度；题目 12~15 对应专业表达能力、物流过程监控与评价能力、物流技术技能操作能力、物流商务能力，意在从企业角度考查专业性核心能力的培养情况。调查对象涵盖学生所在实习单位的部门经理、部门主管、班小组负责人、普通员工等，共 15 人参与问卷的调查。问卷调查结果如表 5-13 所示。

表 5-13　物流管理专业职业核心能力培养实习单位问卷调查结果

题目	A		B		C	
	人数/人	占比/%	人数/人	占比/%	人数/人	占比/%
1	12	80.00	2	13.33	1	6.67
2	13	86.67	1	6.67	1	6.67
3	10	66.67	4	26.67	0	0.00
4	11	73.33	3	20.00	1	6.67
5	11	73.33	4	26.67	0	0.00
6	11	73.33	3	20.00	1	6.67
7	13	86.67	2	13.33	0	0.00

表5-13(续)

题目	A		B		C	
	人数/人	占比/%	人数/人	占比/%	人数/人	占比/%
8	12	80.00	2	13.33	1	6.67
9	9	60.00	5	33.33	1	6.67
10	9	60.00	5	33.33	1	6.67
11	9	60.00	4	26.67	2	13.33
12	10	66.67	4	26.67	1	6.67
13	9	60.00	4	26.67	2	13.33
14	12	80.00	2	13.33	1	6.67
15	10	66.67	3	20.00	1	6.67

从表5-13可以看出，就综合表现而言，学生的职业核心能力培养总体取得了良好成效，有80%的受调查者认为学生所具备的理论知识和技术技能能够满足企业相关岗位的需求，而86.7%的企业受调查者认为通过现代职业教育本科人才培养体系培养的学生，其整体表现要优于往届参与实习的学生，这也证明了根据《中国制造2025》战略实施的人才需求特点，结合现代职业教育本科人才的核心能力构成，所优化确定的物流管理专业课程体系、教学改革、实践能力培养等方面取得了良好的培养效果。

（1）基础性核心能力层

对于基础性核心能力层总体而言，接受调查的企业相关工作人员均认为学生在该层所属的核心能力方面获得了良好的培养效果，其中观察思考能力和心理承受能力表现良好的人数占比分别为66.67%和73.33%。有73.33%的受调查者认为学生物流系统分析的理论知识和技术技能应用表现良好，该层能力的培养成效让学生在就业时具有良好的物流管理类岗位的从业适应性。总体而言，用人单位在基础性核心能力层方面的问卷调查结果与学生问卷调查结果一致，均表明现代职业教育本科人才培养体系在学生基础性核心能力层相关能力的培养上取得了良好的成效，进一步证明了现代职业教育物流管理专业本科人才培养课程体系、教学方式及能力培养体系的科学性与合理性。

（2）发展性核心能力层

发展性核心能力层同样取得了较好的培养成效。对于协调安排能力、团队合作能力、沟通能力，受调查者认为学生这三种能力掌握状况良好的人数占比分别达到了 73.33%、86.67%、80.00%，这三种能力的培养成效更为突出。60%的企业受调查者认为学生具备良好的研究创新能力、自主学习能力、物流运营管理能力，相比于该层次的其他能力而言，这三种能力的培养成效可以进一步提高。

（3）专业性核心能力层

专业性核心能力层整体取得良好的培养效果。有80%的受调查者认为学生具备良好的物流技术技能操作能力，60%的受调查者认为学生的物流过程监控与评价能力表现良好。同时应注意到，该层次能力培养成效的调查结果与学生问卷调查结果有所不同，特别是在物流商务能力方面，学生问卷调查结果和企业问卷调查结果存在一定差异。通过进一步与企业受调查者沟通发现，企业人员认为学生对企业相关工作、庆典等活动能够积极参与并提出良好的建议，促进相关活动的顺利实施并取得良好的效果，在一定程度上反映出学生良好的商务能力潜质。因此，尽管企业和学生对于核心能力培养成效的认知方面存在一些差异，但是总体上无论学生调查问卷还是企业调查问卷，均反映出现代职业教育物流管理专业本科人才培养取得了良好的培养成效，在人才培养过程中所设计并采用的课程体系、教学方法和手段以及技术技能实践应用能力培养等都具有较强的案例应用和经验借鉴意义。

5.2.8 人才培养的质量控制

现代职业教育物流管理专业本科人才培养的质量控制主要体现在教学过程质量控制和学生学习质量控制两个方面。

在教学过程质量控制方面，建立教学方案实施督导委员会、完善教学信息反馈机制，根据人才培养的目标，对人才培养方案的各个阶段、课程体系设计、核心课程设置进行论证和研讨，对人才培养方案实施过程中出现的偏差及时进行调整。成立由课题组成员、专业带头人、骨干教师、教学管理人员及企业资深管理人员共同组成的专业教学管理组，对学生核心能力的培养进行全过程管理。建立由专家、课题组成员、教师、教学管理人员四方共同参与的信息反馈机制，对教学过程中存在的问题及时进行信息反馈，分析出现问题的原因，制定相应的措施，以保证人才培养质量的提高。

在学生学习质量控制方面，通过配备专职辅导员和班主任，协同任课教师进行学生学习质量的把控。专职辅导员通过管理学生的日常生活事务和第二课堂活动对学生的学习情况进行监控，及时纠正学生不良的学习或生活习惯，关注学生第二课堂活动知识扩展、能力训练的主题，引导良好学习氛围的形成；

班主任则通过与任课教师的对接，在日常学习、第二课堂活动等方面进行学生应用能力、实践能力、创新能力培养的引导，帮助学生明确未来的职业方向和岗位情况，使学生的学习目标更为明确。

通过对现代职业教育物流管理专业本科人才培养体系实施成效的分析，可以看出，无论是学生层面还是用人单位层面，都肯定了现代职业教育物流管理专业本科人才培养体系的科学性及合理性。因此，实证研究中所提出的现代职业教育本科人才培养体系能够在一定程度上满足现代制造业、生产性服务业及相关产业升级发展对高层次技术技能型人才的需求。同时也需要指出，现代职业教育物流管理专业本科人才培养体系还有进一步完善的空间，如在物流基础知识的学习和应用方面需要进一步夯实，在物流过程监控与评价、物流商务等能力培养方面，还需要在课程体系中进一步完善，丰富相应的实践情景，完善教学手段和方法，以提升相关核心能力的培养成效，保证现代职业教育本科人才培养的质量，更好地满足现代制造业发展对高层次技术技能型人才的需求。

6 对接《中国制造 2025》的现代职业教育本科人才培养的对策与建议

技术技能型人才的支撑保障是《中国制造 2025》战略推行实施的重要关注点，而现代职业教育本科人才培养正是职业教育高层次技术技能型人才培养的重要渠道。根据现代职业教育本科人才培养的现状，结合《中国制造 2025》战略实施对高层次技术技能型人才的本质要求，可从宏观、中观、微观三个层面保障现代职业教育本科人才培养的规模扩大和质量提高，满足我国社会经济高质量发展、制造业发展提质增效对高层次技术技能型人才的需求。

6.1 宏观层面

对接《中国制造 2025》战略的现代职业教育本科人才培养，从宏观角度而言，主要是指政府层面在人才培养过程中功效的发挥。

6.1.1 进一步加强统筹规划

第一，现代职业教育本科人才培养的制度体系应进一步完善。现代职业教育本科人才培养对制造业的升级发展及职业教育体系的建设完善都具有重要意义，国家政府层面应出台针对现代职业教育本科人才培养的政策文件，引导和保障本科层次现代职业教育的发展壮大。

第二，应加强顶层设计的引导性和推进性。政府作为人才培养的宏观管理、支持机构，应以制度的方式强化人才培养方向的引导，在具体的办学方向和办学模式方面应给予学校更多的自主权，让学校进行自主选择，促进学校作为办学主体积极性和能动性的发挥，提高人才培养质量。

第三，统筹优化教育资源，促进本科层次现代职业教育的快速、高质量发展。政府可根据区域、产业发展和学校的实际进行现代职业教育本科人才培养政策和制度的制定，保证人才培养的层次性和应用性特征，促进现代职业教育本科人才培养服务地方社会经济发展功能的发挥。

第四，当前以学科体系为主的人才培养专业划分方式，不利于现代职业教育本科人才培养的定位。为此，政府部门可以出台相应的政策、制度，结合当前职业教育人才培养的大类划分，给予开展本科层次现代职业教育人才培养的高校更多的办学自主权，促进社会组织和企业积极参与现代职业教育本科人才培养，保证地方本科院校向现代职业教育本科层次人才培养转型顺利推进。

第五，地方本科院校的转型发展需要人、财、物等资源的保障和支撑，因此，要求政府部门统筹办学资源，对转型发展院校在办学资金、软硬件条件建设投入方面给予重点扶持，促进现代职业教育本科人才培养的规模不断扩大，质量不断提高。

6.1.3 舆论氛围引导转变

舆论氛围的引导转变是现代职业教育本科人才培养和制造业升级发展软环境建设的重要内容。

首先，从政府的角度，通过相关的政策和制度引导人们转变职业教育思想观念。长期以来，我国高等教育的发展中，形成了职业教育所培养的人才是操作型人才，人才培养层次低于普通本科人才培养层次的思想观念。这对现代职业教育本科人才培养极为不利，严重影响了本科层次现代职业教育人才培养的生源数量及质量，不利于现代职业教育本科人才培养规模的扩大和质量的提高。因此，政府部门应加强技术技能型人才重要性的宣传，强调现代职业教育本科人才培养的重要性和必要性，通过相应的政策文件，引导社会公众形成现代本科职业教育所培养的人才同样是社会经济发展所必需的高层次、应用型人才的思想观念。

其次，舆论引导对于现代职业教育本科人才培养和制造业升级发展的软环境建设至关重要，应当借助公共媒体在社会公信力等方面的优势，进行现代职业教育本科人才培养重要性的宣传，引导更多社会资源参与现代职业教育本科人才培养、参与制造业的升级发展，促进形成现代职业教育本科人才培养和制造业发展提升良好社会氛围。

最后，提高现代本科职业教育所培养人才的社会地位和工资待遇，提高制造业及相关行业技术技能型人才的社会地位和工资待遇，能够有效促进社会上职业教育低层次、制造行业低层次思想观念的改变，有助于现代职业教育本科人才培养质量的提高与规模的扩大。因此，政府部门应出台相应的政策，鼓励企业提高工程师、技术员的工资待遇，加大技术应用、工艺改进投入力度，促进现代职业教育本科人才特别是制造业及相关行业的现代职业教育本科人才的社会地位不断提升。

6.1.4　标准体系建设

目前本科层次的人才培养标准多以普通本科人才培养标准为依据进行相应的标准制定，而针对现代职业教育本科人才培养的标准缺失，使得现代职业教育本科人才培养不得不依据普通本科人才培养的相关标准制定人才培养方案，进而造成人才培养的规格不明确，应用性、职业性不突出等问题。因此，有必要针对现代职业教育本科人才培养制定相应的人才培养标准，以保障人才培养的方向性和层次性。标准体系的建设应关注三个方面，即专业设置标准、教学质量标准以及人才培养评价标准。

首先，当前执行的普通本科院校专业设置规定和标准是 2012 年教育部颁布的《普通高等学校本科专业设置管理规定》，是以学科划分为依据，按照学术型人才培养状况，进行的本科人才培养专业设置的规定，而现代职业教育本科人才培养是以满足社会经济发展对高层次技术技能型人才的需求为目的的办学模式，其专业的设置需要参考社会经济发展的行业大类。因此，当前以学科划分的专业设置极大地制约了现代职业教育本科人才培养的灵活性和积极性，有必要从政府层面主导进行现代职业教育本科人才培养专业设置的改革，制定适应现代职业教育本科人才培养实际的专业设置标准，以满足不同行业对现代职业教育本科人才的需求。

其次，对于教学质量的标准而言，与专业设置标准相同，也存在现代职业教育本科层次人才培养教学标准的缺失。由于当前所实施的《普通高等学校本科专业类教学质量国家标准》，是以学科划分为基准进行的本科教学质量的衡量，这就容易对现代本科职业教育的人才培养目标、人才培养方案等方面设计和实施造成困扰和误导，模糊学术型人才和技术技能型人才培养的不同特点，偏离现代职业教育本科人才培养的根本宗旨和目标。因此，政府层面同样需要进行现代职业教育本科人才培养教学质量相关标准的制定，从而保障现代职业教育本科人才培养的职业性、层次性和技术技能特征。

最后，人才培养评价标准是衡量人才培养质量的重要手段，政府层面对于人才培养的评价标准，则应关注现代职业教育本科人才培养的总体质量状况，制定和完善现代职业教育本科院校的考评标准，对其人才培养的状况进行科学、合理的评估，从而保证人才培养质量的不断提高。

6.2　中观层面

中观层面的对策和措施主要是从行业角度出发，积极参与现代职业教育本科人才培养，促进制造业及相关行业发展所需高层次技术技能型人才培养规模不断扩大、质量不断提高。我们可从社会经济发展的行业部门方面以及教育行业方面进行相关分析。

6.2.1　社会经济发展的行业部门方面

社会经济行业部门方面对现代职业教育本科人才培养的重要作用主要体现为行业协会等组织作用的发挥。行业协会作为行业的专业性社会中介组织，对产业发展状况和趋势、行业内企业的人才需求及规格要求等方面具有明确和清晰的认知，从而使得行业协会在现代职业教育本科人才培养过程中作用的发挥成为可能。具体而言，行业协会可以从以下几个方面入手，积极参与现代职业教育本科人才培养。

（1）行业协会可借助自身熟悉行业、企业发展状况及人才需求特征的优势，开展行业、企业发展趋势人才需求调查等活动，从而为现代职业教育本科院校专业设置、人才培养方案的制定提供重要的参考依据。

（3）发挥校企合作中介组织的作用，为校企间的深入合作搭建平台，促进产教融合向深层次发展，为企业在现代职业教育本科人才培养中作用的充分发挥提供便利渠道。

（4）为现代职业教育本科院校技术技能创新科研成果的实践应用搭建知识转化平台，引导高校和企业达成科研成果转化合作意向，促进现代职业教育本科院校技术技能创新科研成果的转化和实施，促进产教融合人才培养的深层次发展，提高社会公众对现代职业教育本科人才培养的认可度和美誉度。

（5）行业协会还能够为政府部门的人才培养决策发挥积极的建言献策作用，辅助政府部门更为科学、合理地制定相关的政策和规划，有效促进现代职业教育本科人才培养质量的提高。

6.2.2　教育行业方面

教育行业方面则是指高校间的现代职业教育本科人才培养联盟组织，如应用技术大学联盟等，这类组织作用的发挥能够有效促进现代职业教育本科人才培养质量的提高。

对政府而言，高校间的现代职业教育本科人才培养联盟能够及时反馈人才培养的实际状况，提供人才培养的数据资料，为政府部门制定相应的现代职业教育本科人才培养政策提供决策依据。

对行业、企业而言，现代职业教育本科人才培养联盟为企业积极参与人才培养提供了便利渠道，与行业协会的功能相似，同样能够进行校企间的产教融合平台建设，保证校企间人才培养合作的顺利实现。

对人才培养实践而言，首先，现代职业教育人才培养联盟能够以联盟学校为基础，开展现代职业教育本科人才培养的理论研究和实践探讨，及时总结联盟内院校人才培养的经验，形成相应的成功案例和成果，能够为地方普通本科院校的转型发展提供有益的经验借鉴；其次，对于联盟而言，能够形成联盟内部院校间的交流协作平台，有效统筹和共享联盟成员现代职业教育本科人才培养方面的相关资源，促进现代职业教育本科人才培养实践的不断探索和发展；最后，联盟能够凝聚现代职业教育本科人才培养院校的力量，能够在制度规划、保障措施、软硬件建设和资源支持等方面争取更多的政府部门支持。

6.3 微观层面

微观层面是现代职业教育本科人才培养重点关注层面，主要包括学校、企业、教师、学生四个方面。

6.3.1 学校方面

学校是现代职业教育本科人才培养的主体，是有计划、有组织地对学生进行专业理论知识学习和技术技能训练等教育活动的组织机构，是人才培养规模扩大和质量提升的关键要素。学校对于现代职业教育本科人才培养的对策和措施主要体现为以下三个方面：

6.3.1.1 观念转变

对接《中国制造2025》的现代职业教育本科人才培养强调应用性、创新性、实践性、职业性等特征，所培养的高层次技术技能型人才必须适应社会经济发展的需求，适应制造业发展升级的需要。但是受到传统学术型人才培养理念的影响，现代职业教育本科人才培养还存在所培养的人才动手能力不强、应用能力较差等问题。因此，思想观念的固化或转变不彻底是当前现代职业教育本科人才培养不能很好地满足社会经济发展需求的重要因素之一。学校作为人才培养的主体，需要首先进行思想观念的转变，保障人才培养的职业性和应用性特征。

第一，从思想认识上转变高等职业教育低于普通高等教育办学层次的观念，要深刻认识职业教育体系与普通教育体系都是我国教育体系的重要组成部分，是并行的两个系统，现代职业教育本科人才培养与普通教育本科人才培养在办学层次上具有同等地位，所培养的高层次技术技能型人才是社会经济发展重要的人才支撑和保障。

第二，在人才培养方案设计和制定时，应结合区域经济的发展特点，关注职业教育的内在规律和特征，对人才培养方案进行设计优化，突出应用能力、实践能力和创新能力的培养，加强技术技能应用能力培养的课时比例和师资保障，确保满足现代职业教育本科人才职业性、应用性的培养要求。

第三，现代职业教育本科人才培养需要树立国际化办学观。一方面，由于我国现代职业教育本科人才培养体系尚处于探索发展阶段，因此，在人才培养时可多借鉴国外发达国家职业教育人才培养的经验和教训，特别是德国、澳大利亚、英国、美国等国家的职业教育办学经验，促进现代职业教育本科人才培养办学理念、办学模式等方面的转变；另一方面，加强与国际知名应用技术型本科院校的交流，通过师资培训、讲座、师资交流、研讨会议等方式，开展与相应国家学校间的合作和沟通，建立良好的办学沟通机制，学习国际上优秀的、有效的技术技能型人才的培养模式和手段，促进现代职业教育本科人才培养办学模式的提升、培养方案的优化。此外，现代职业教育本科人才培养还可以尝试职业资格的国际化认证，进一步突出人才培养职业性、应用性特征，提高现代职业教育本科人才培养的社会认可度和公众美誉度。

第四，树立工程人才培养的先进理念。对接《中国制造 2025》战略的现代职业教育本科人才培养是我国制造业升级发展高层次技术技能型人才需求的重要培养渠道，因此，可以借鉴先进的工程技术人才培养理念，从构思、设计、实现和操作等方面，实现现代职业教育本科人才培养过程中的"做中学""学中做"，对学生进行全方位的理论知识和技术技能的应用训练，以满足制造业及相关产业升级发展对高层次技术技能型人才的需求。

6.3.1.2　产教融合培养模式

产教融合人才培养是校企间深层次的人才培养合作形式，是校企合作人才培养的新阶段。产教融合、校企合作是现代本科职业教育发展和完善的内在要求，根据人才培养的职业性、应用性及高层次技术技能性的特征，学校需要将产教融合人才培养的理念贯穿人才培养的全过程，为学生提供优良的技术技能培养条件，更为深入地认识生产、经营、服务等职业岗位所需要的技术技能情况，并进行相应的实践操作训练，促进学生理论知识和技术技能应用能力、实践能力、创新能力的提高。

第一，建立良好的产教融合人才培养机制，打造人才培养平台，在人才培养方案制定、课程体系优化、人才培养质量评估等方面进行深入合作，促进校企双方人才培养功效的充分发挥。

第二，在技术技能研发及创新成果转化方面进行有效合作，促进学校的研发创新成果进企业，并能够有效地应用与转化；企业的创新成果进学校，为学校的师生开展科研创新、知识应用提供丰富的研究素材。

第三，在人才培养时，以开展订单班、定向班等方式保障合作企业的高层次技术技能型人才供给，为产教融合人才培养的深层次合作打下良好的基础。

第四，对于学校和企业而言，都需要制定产教融合、校企合作的计划和规划，明确产教融合的发展目标，制定并完善产教融合相应的管理制度，保证奖惩措施、激励制度的科学性，并确保制度的实施和落实，及时把控和调整产教融合、校企合作的方式和手段，丰富产教融合内容、创新校企合作形式，确保现代职业教育本科人才培养目标的实现。

6.3.1.3 专业建设

专业是现代职业教育本科人才培养过程中招生就业、授予学位等内容的重要依据，也是人才培养的重要基本单位。现代职业教育本科人才培养的主要目标决定了其人才培养的数量和质量需要与社会经济发展需求相适应、与中国制造业的发展升级相适应。

首先，增强专业设置的科学性、合理性。要改变以学科划分为依据的专业设置方式，在调研、分析社会经济发展需求、地方经济发展状况、制造业发展升级形式与内涵的基础上，明确现代职业教育本科人才培养的专业方向，以国民经济发展、制造业升级发展的人才紧缺部门和行业为专业设置的重要关注点，结合学校的办学特色和优势进行相应的专业设置，在满足社会经济发展对高层次技术技能型人才需求的同时，增强学生的就业能力，提升学校、专业的社会认可度。

其次，在专业设置方面，还应注意人才培养专业体系的打造。学校可以结合制造业升级发展的需求，分析制造业和相关产业的发展趋势及人才需求状况，打造以制造业相应专业为核心，以生产服务业相关专业为支撑的现代职业教育本科人才培养专业群，从而突出学校的办学特色，增强学校的办学实力。

最后，在进行专业设置时，还应具有一定的前瞻性，保持一定的专业方向灵活性，避免新设置专业过快消亡。

6.3.2 企业方面

企业在应用能力、实践能力、创新能力培养中具有不可替代的重要意义。企业参与现代职业教育本科人才培养，需要注重以下三个方面的内容：

6.3.2.1 思想观念的转变

首先，企业应改变现代本科职业教育就是简单的职业教育专科升级办学的观念，重新认知现代本科职业教育的人才培养体系和培养模式，认知现代职业教育本科人才培养的本科层次性和应用性特征；改变以往职业教育人才操作能力强、职业生涯发展潜力差的认知，明确现代职业教育本科人才同样具有扎实的理论知识基础，不但能够更快地适应工作岗位和职业要求，同样也具有较强的职业发展潜力和动力，是企业发展提升的重要人才资源储备对象和智力资源支撑。

其次，企业应摒弃以往以分数、证书为依据评判人才培养状况的思想，树立以学生的实践经历、职业认证、专业创新成果等为依据来评判人才培养状况的观念，注重对职业能力、专业素质、专业理论知识和技术技能的评判，从而能够更为科学地认识现代职业教育本科人才培养的特征及其对企业发展壮大的重要意义。

最后，转变人才使用观念，提升对现代职业教育本科人才的重视程度，通过相应的制度和政策将现代职业教育本科人才作为企业发展核心人才的重要组成部分，完善相应的职业晋升体系，提高职业目标，通过完善考（核）聘（用）标准，构建并畅通人才的使用和晋升渠道，增强人才的职业发展潜力，使现代职业教育本科人才能够在合适的专业领域、合适的职业岗位，充分发挥自身的职业能力、应用能力、创新能力优势，为企业的发展做出贡献。

6.3.2.2 企业功效发挥

首先，企业作为人才的需求方，能够有效地反映行业的发展状况，体现行业整体的技术技能应用与管理水平等方面的发展实际，能够便于政府、学校制定科学合理的人才培养政策和制度，使现代职业教育本科人才培养的方向更为明确、规格更为清晰。

其次，企业通过参与人才培养目标确定、课程体系优化、实践教学体系建设等方面的人才培养实践，能够有助于现代职业教育本科人才培养确定更为科学、合理的人才培养方案，同时，企业还能为学校提供人才培养过程中的企业专家授课，师资技能提升培训等服务。

最后，企业能够在使用现代职业教育本科人才的过程中，不断反馈人才培养的效果和需求，便于学校及时调整人才培养目标、优化课程体系、改进教学手段，从而保证现代职业教育本科人才培养与企业技术技能型人才需求的适应性，提高现代职业教育本科人才培养与社会经济发展需求的匹配性，满足制造业升级发展对高层次技术技能型人才的需求。

6.3.2.3　社会责任履行

首先，在人才的招聘方面，对于本科层次的各类人才采用一致的人才聘用标准和薪酬制度，以保证现代职业教育本科人才的就业出路畅通，形成有效的人才需求拉力，促进现代职业教育本科人才培养规模的不断扩大。

其次，企业应营造有利于现代职业教育本科人才培养的社会氛围，对于经企业培养后成长为优秀企业骨干的现代职业教育本科人才，一方面，可将其树立为岗位标兵和成功典范，使企业职工都意识到现代职业教育本科人才同样具有良好的职业发展潜力；另一方面，加大宣传力度，提供现代职业教育本科人才职业发展的成功案例，改变社会公众对职业教育办学层次不高的传统认知，促进形成有利于现代职业教育本科人才培养的良好社会氛围。

最后，企业是人才培养资金、资源保障的重要支撑力量，企业可以采取资金捐赠、硬件设施捐建等方式直接参与人才培养，履行人才培养的社会责任。特别是制造业相关企业对现代职业教育本科人才培养资金和设备、设施的捐赠，能够有效促进人才培养软硬件条件的更新和改善，保证现代职业教育本科人才技术技能培养的先进性和实用性。

6.3.3　教师方面

教师是学生应用能力、实践能力、创新能力培育形成的指导者和引路人。教师在人才培养中需要做到以下三个方面，从而保证现代职业教育技术技能型本科人才培养质量的不断提高。

6.3.3.1　转变观念

首先，对于地方普通本科院校转型发展而言，教师应改变以往重学术、轻实践的人才培养观念，在强化自身应用能力、实践能力的同时，提高课程体系中应用性、实践性课程的授课学时，强化学生的应用能力培养。教师可以有意识地将自身的学术研究与实践应用相结合，在学术研究的基础上，引导学生参与成果的应用转化实践，提高学生应用能力、实践能力、创新能力的培养成效。

其次，对于高等职业教育专科试点本科人才培养院校的教师而言，应注重现代职业教育本科人才培养的层次性，需要改变以往重视实践技能操作训练的人才培养模式，提升对人才培养基础理论知识重要性的认知，加强人才培养过程中对理论知识的传授，确保现代职业教育本科人才培养的高素质、高层次性。

对于教师层面的观念转变，可采取研讨、讲座和学习等多种方式，促进教师尽快完成现代职业教育本科人才培养的观念转变，如可通过政府、高校和企业共同参与的研讨会、集中学习等方式，让教师进一步明确现代职业教育本科人才培养的必要性和迫切性，发挥教师的能动性，促进教师主动进行人才培养观念的转变。

6.3.3.2 转变教学方式

教学方式转变是教师思想观念转变的重要体现。在教学手段方面，教师可借助先进的信息技术手段，如微课、慕课、互联网课程等方式进行教学手段的改革，激发学生学习知识技能的积极性和主动性，为学生提供现代化的、先进的、优质的教育教学服务；在教学方法上，可以积极尝试案例教学法、项目教学法等教学改革和创新，形成解决问题式的师生教学团队，以解决实际问题为目标，进行互动的讨论和学习，教师以此为契机，向学生传授知识、理论，引导学生积极进行技能训练，从而促进学生应用能力的提高，形成师生共同进步的良好教学氛围。

6.3.3.3 建设和谐师生关系

和谐的师生关系是现代职业教育本科人才培养质量提升的重要保障之一，现代职业教育本科人才培养作为现代职业教育体系的重要构成部分，在其探索发展阶段就应当注意和谐师生关系的构建。

首先，教师应当了解现代职业教育本科学生的具体情况，包括学生的知识背景、学习状况、技能训练情况、兴趣爱好等，以便能够更有针对性地进行教学活动，更好地训练学生的知识应用能力和实践能力。

其次，教师应当在人才培养的过程中以学生为本，给予学生一定的学习选择权和主动权，让学生能够有自己的学习空间和发展空间，学生能够在教师的指导下，充分发挥自身的创造性。对于学生的创造性思维，教师应多肯定、多鼓励，以促进学生的知识应用、创新创造能力的提升。

最后，借助互联网等信息手段搭建师生的交流平台，在及时解决学生学习问题的同时，了解学生的生活状态，并进行有效的引导，从而促进学生职业能力和综合素质的不断提高。

6.3.4 学生方面

作为现代职业教育本科人才培养的对象，学生的具体学习情况对人才培养质量的提高具有决定性作用。学生层面的措施和对策包括以下三个方面：

6.3.4.1 转变观念

学生思想观念的转变意味着学生对学习目的、人才培养规格和就业需求有一定的了解和认知，能够激发学生对理论知识的学习欲望、技术技能的训练动力，从而提高学生在校学习期间应用能力、实践能力和创新能力的培养成效。首先，随着高等教育的大众化，现代职业教育本科学生需要充分认识到本科人才培养已由精英教育向大众教育转变；其次，学生需要认识到现代职业教育本科人才培养的高层次性，同样是本科层次人才的一种类型，需要具有扎实的理论知识基础，还需要具备良好的技术技能应用能力、实践能力和创新能力，具有较强的职业发展潜力；最后，改变对制造业的传统认知，随着信息技术、智能技术的不断应用，制造业不再是脏、累、苦和职业发展潜力不足的行业，同样具有高智能、高技术等特征，是国民经济转型发展的中坚产业，对于人民生活质量的不断提高具有重要意义。

6.3.4.2 丰富学习手段

随着科学技术特别是信息技术、互联网技术的发展和应用，学生能够拥有更为多元化的学习手段和方式，如可以借助微课形式让学生将碎片化的时间充分利用起来进行知识、理论的学习和积累；利用慕课、互联网直播、视频等方式，使学生能够在课余进行相应的专业理论知识学习，从而进一步扩展学生学习的空间和时间；还可以利用知乎、百度等互联网网站对感兴趣的理论知识及技术技能进行查询、学习和实践，从而提高学生对知识、技术的综合应用能力，改善学生的理论知识结构，夯实技术技能应用基础。学生对课堂以外学习手段的充分、有效利用，能够极大地提升课堂学习的效果，提高学生的综合素质和技术技能应用能力。

6.3.4.3 构建和谐师生关系

和谐师生关系的构建不仅仅是教师的责任，作为教学双边活动的另一方，学生对和谐师生关系的构建也具有重要作用。就学生层面而言，首先，学生在日常的学习、生活过程中，应形成尊重教师教学、指导和决定的观念，有利于教师教学方案的有效实施；其次，学生在校学习期间，需要树立良好的纪律观念，服从学校、教师的管理，遵守相关的法律法规，从而保证学习活动的顺利进行；最后，学生要积极主动地构建良好的师生关系、生生关系，形成师生互动、生生互助的良好学习氛围，促进现代职业教育本科人才培养目标的实现。

参考文献

[1] 高营. 杜威"做中学"教育思想及其对我国职业教育教学改革的启示 [J]. 科教导刊（下旬），2018（4）：16-17.

[2] 米靖. 职业教育概念、分类与使命再论 [J]. 中国职业技术教育，2012（9）：26-31.

[3] 刘捷. 凯兴斯泰纳与德国的职业教育 [J]. 职业教育研究，1990（4）：52-54.

[4] 怀特海. 教育的目的 [M]. 庄莲平，王立中，译注. 上海：文汇出版社，2012：5-10.

[5] 李玉静. 美国职业教育法文本分析 [J]. 职业技术教育，2014（27）：33-35.

[6] 楚江亭，郭德侠. 关于建立我国教育标准的思考——兼论 UNESCO《国际教育标准分类法》的主要内容 [J]. 教育理论与实践，2002（10）：11-16.

[7] 姜大源，刘立新.（德国）联邦职业教育法 [J]. 中国职业技术教育，2005（35）：56-62.

[8] 赖晓琴. 基于《国际教育标准分类法（2011年）》的现代职业教育体系构建 [J]. 职业技术教育，2012（28）：19-22.

[9] 孟景舟. 职业教育概念问题研究 [D]. 石家庄：河北师范大学，2007：10.

[10] 杨智. 近代职业教育概念的辨析 [J]. 职教论坛，2009（1）：61-64.

[11] 罗喜娜. 我国职业教育内涵嬗变的价值探索 [J]. 当代职业教育，2018（4）：59-63.

[12] 刘合群. 职业教育学 [M]. 广州：广东高等教育出版社，2004：3-6.

[13] 欧阳河. 试论职业教育的概念和内涵 [J]. 职教与经济研究，2003（1）：24-26.

[14] 周勇. 对职业教育概念的回顾与思考 [J]. 职教论坛，2003（9）：

12-16.

[15] 米靖. 论现代职业教育的内涵 [J]. 职业技术教育,2004,25(19)：9-12.

[16] 和震. 论现代职业教育的内涵与特征 [J]. 中国高教研究，2008 (10)：65-67.

[17] 祝士明，吴文婕. 五个对接：现代职业教育内涵发展的路径选择 [J]. 职教论坛，2014 (27)：10-13.

[18] 刘士祺. 试论职业教育的现代性内涵和特征 [J]. 现代职业教育，2015 (7)：9-11.

[19] 崔景贵. 为积极而教：现代职业教育改革创新的意蕴与范式 [J]. 职教通讯，2016 (34)：1-7.

[20] 杨成明. 职教强国：面向"十三五"的现代职业教育的发展定位及内涵 [J]. 教育与职业，2017 (12)：5-10.

[21] 刘根厚. 现代职业教育体系的构建 [J]. 连云港职业技术学院学报，2000 (12)：74-77.

[22] 张振元. "现代职业教育体系"命题探析 [J]. 职教论坛，2011 (28)：4-9.

[23] 姜大源. 现代职业教育体系构建的理性追问 [J]. 教育研究，2011 (11)：70-75.

[24] 孟凡华. 鲁昕强调：推动现代职业教育体系建设 [J]. 职业技术教育，2011 (5)：44-47.

[25] FRENCH H W. Engineering Technicians：Some Problems of Nomenclature and Classification [M]. Paris：the United Nations Educational, Scientific and Cultural Organization，1981：16.

[26] 董鸣燕. 教育分类与高层次应用技术型人才培养体系 [J]. 世界教育信息，2016 (24)：68-71.

[27] 沈洁. 霍兰德职业兴趣理论及其应用述评 [J]. 职业教育研究，2010 (7)：9-10.

[28] 柏拉图. 理想国 [M]. 郭斌和，张竹明，译. 北京：商务印书馆，1986：97.

[29] 亚当·斯密. 国富论 [M]. 王亚南，郭大力，译. 北京：商务印书馆，2004：12.

[30] 马克思恩格斯选集：第3卷 [M]. 北京：人民出版社，1995：68.

[31] 马克思恩格斯文集：第1卷 [M]. 北京：人民出版社，1995：544.

［32］顾明远. 教育大辞典［M］. 上海：上海教育出版社，1990：245.

［33］李殿宝，肇立春. 关于构建高职"立交桥"的思考［J］. 辽宁高职学报，2002（6）：68-69.

［34］万由祥. 发展高职本科教育刍议［J］. 孝感职业技术学院学报，2002（5）：13-15.

［35］潘美俊，梁志达. 高职本科汽车电子技术与检测维修专业教学改革探索［J］. 高教论坛，2005（8）：171-173.

［36］程忠国，李玉春，等. 高职本科：一个亟待探索与创新的教育层次［J］. 教育与职业，2007（8）：36-37.

［37］俞建伟. 高职本科教育发展的国际比较及启示［J］. 国家教育行政学院学报，2011（4）：32-36.

［38］工信部规划司.《中国制造2025》解读之七：《中国制造2025》的主要目标［EB/OL］. http://www.chinaequip.gov.cn/2015-05/20/c_134254347.htm

［39］WORLD BANK GROUP. Countries and Economies data［EB/OL］. https://data.World-bank.org/country/.

［40］国家统计局. 生产性服务业统计分类（2019）［EB/OL］. http://www.stats.gov.cn/tjsj/tjbz/201904/t20190417_1660042.html.

［41］崔晓迪，翟希东，等. 京津冀中职教育与地区经济发展的匹配度分析［J］. 教育与经济，2017（4）：27-32.

［42］张秀萍，黄晓颖. 三螺旋理论：传统"产学研"理论的创新范式［J］. 大连理工大学学报（社会科学版），2013（10）：1-6.

［43］谢鑫，张红霞. 一流大学本科教育的课程体系建设：优先属性与基本架构［J］. 江苏高教，2019（7）：32-39.

［44］HERNANDEZ JAVIER C. Study Suggests China Students Excel in, Critical Thinking-until College［N/OL］.［2018-10-22］. http://www.questia.com/newspaper/1P2-3982513/study-suggest-china-students-excel-in-critical-thinking.

［45］朱传杰. 核心能力理论研究述评［J］. 合作经济与科技，2006（18）：14-16.

［46］陈宇. 职业能力以及核心技能［J］. 职业技术教育，2003（22）：26.

［47］王建永，张轩. 职业核心能力研究述评［J］. 成都航空职业技术学院学报，2016（3）：1-4.

［48］肖少庆，南海燕，等. 工程教育专业认证下微电子专业培养方案［J］. 科技创新导报，2017（34）：225-228.

[49] 余华, 杨世博. 产学研结合的微电子专业培养方案研究 [J]. 电气电子教学学报, 2013 (3): 18-19.

[50] 翟希东, 齐莉丽. 职技高师大学生职业核心技能实证分析 [J]. 职业技术教育, 2014 (35): 54-58.

[51] 齐军领, 孟庆春. 供应链管理培养体系探究 [J]. 物流技术, 2019 (7): 144-151.

[52] 翟希东. 基于职业能力培养的物流管理专业课程体系构建 [J]. 职业技术教育, 2012 (33): 36-39.

附　录

附录一　现代职业教育本科人才培养院校访谈

1. 对现代职业教育本科人才培养院校管理人员的访谈题目：

（1）您认为贵校向应用技术型本科转型中存在的主要问题是什么？

（2）您认为贵校在专业设置和学科建设方面是否符合应用技术型高校的转型需求？

（3）请介绍一下贵校的师资队伍特点是否与应用技术型高校转型相适应？

（4）当前贵校的管理体制和机制是否有利于转型发展？

2. 对现代职业教育本科人才培养院校教师的访谈题目：

（1）贵校目前正在进行应用技术型高校的转型发展，您对此有了解吗？

（2）您认为目前课程体系是否适应技术技能型人才的培养需求？

（3）您所在专业的实践课程是否满足应用技术型人才的培养需求？

（4）您所在学校的教师评价体系是否考虑应用技术型人才培养的问题以及转型的问题？

附录二　芯片制造行业核心能力访谈提纲

您的职业：＿＿＿＿＿＿＿，您的职务：＿＿＿＿＿＿

1. 访谈目的

针对芯片制造业的具体实际进行职业教育本科学生核心能力的访谈，为芯片制造业的高层次技术技能型人才培养核心能力体系的构成和明确提供科学合理的实践依据。

2. 访谈方式

通过面对面的访谈、谈话方式进行。

3. 访谈对象

天津某芯片制造公司相关人员。

4. 访谈问题

（1）您觉得贵单位目前的本科毕业生所学习的知识和能力能够满足贵单位的需要吗？

（2）您认为芯片制造业，特别是贵单位，对本科毕业生而言，应关注哪些能力？

（3）您认为对于微电子专业的本科生而言，如果在贵单位工作，最需要哪些专业知识和能力？

（4）对您个人而言，在整个职业生涯中，哪些知识和能力对职业生涯的发展具有重要影响？

（5）从您个人的职业发展角度而言，12种核心能力是否较为全面地涵盖了从事芯片制造工作的关键能力要求？您是否有补充？

5. 访谈结果汇总与整理

对访谈的结果进行汇总和整理，进一步明确在芯片制造行业实际生产过程中，对高层次技术技能型本科毕业生的职业核心能力要求。

附录三　芯片制造行业核心能力重要性问卷

您的单位：＿＿＿＿＿＿＿您的职位：＿＿＿＿＿＿

请您结合自身的工作经验，从芯片制造中的工作需求状况及职业发展角度

出发，对下列问题（附表1）进行选择。（本问卷仅作为研究使用，我们承诺不做他用）

（注：下列 12 种能力中，请在您认为该能力的重要性程度中打"✓"。）

附表 1　芯片制造行业核心能力重要性调查表

序号	核心能力	能力描述	重要性		
			极其重要	较为重要	一般重要
1	观察思考能力	能够对工作中出现的问题进行有效思考、能够使用现代信息工具进行相应分析			
2	自我学习能力	具有主动学习、终身学习的意识，能够主动适应环境，并实现自身的可持续发展			
3	专业表达能力	能够运用专业知识在工作中进行有关问题及知识的表述和分析			
4	研究创新能力	具有一定的创新能力，能够在工作中进行相应的革新和创新			
5	协调安排能力	具有一定的管理能力，能够在工作中对自己的工作进行相应的协调和安排			
6	心理承受能力	能够承受工作中的压力，对工作强度较大的岗位具有一定的适应性			
7	团队合作能力	能够与他人进行有效的合作，在团队中能够承担相应的工作和职责			
8	沟通能力	在日常工作性事务中能够与他人进行有效的沟通和交流			
9	集成电路的设计能力	集成电路的设计、分析			
10	半导体制造工艺设计及应用能力	半导体制造工艺的设计和应用			
11	集成电路封装及测试能力	集成电路的封装和测试			
12	系统分析及版图设计能力	集成电路系统的分析、版图设计			

附录四 现代职业教育物流管理专业本科人才培养核心能力调查问卷

亲爱的朋友:

您好!本问卷旨在了解物流管理专业学生的核心能力,以便为改进教学体系的整体设计、提高学生的素质与能力、应对复杂的竞争环境提供支持。您的宝贵意见将有助于我们对问题的把握。我们承诺本问卷所有数据与结果都用于研究(非商业营利)。感谢您的大力支持!

请在所选答案的序号上打"√",或将答案填写在相应的横线上或空格中。

(1) 您的学历(本、硕、博)_____

(2) 本科专业_____

(3) 从事职业_____

(4) 工作地(所在市、县)_____

问卷题目

(1) 常常有目的地观察一种事物或现象,能迅速捕获相关的信息和知识。

A. 好   B. 较好   C. 一般   D. 较差   E. 很差

(2) 善于察觉事物的细微变化,并能从多角度进行分析。

A. 好   B. 较好   C. 一般   D. 较差   E. 很差

(3) 常用相关工具(如 Office、Flash、SPSS、GPS、GIS、ERP、Flexsim 等)进行专业知识的表达。

A. 四种以上   B. 四种   C. 三种   D. 两种   E. 一种

(4) 在生活中,能够言简意赅地表达物流术语、知识的内涵。

A. 好   B. 较好   C. 一般   D. 较差   E. 很差

(5) 经常积极探索与某项知识和技能相关的问题,善于发现问题的未知部分,并能验证相关结果。

A. 好   B. 较好   C. 一般   D. 较差   E. 很差

(6) 在生活中,常常能提出打破常规、新颖独特的解决问题的办法。

A. 好   B. 较好   C. 一般   D. 较差   E. 很差

(7) 做事都有明确的目标和计划,并能够有条不紊地执行。

A. 好　B. 较好　C. 一般　D. 较差　E. 很差

（8）能够妥善处理与上级、同级和下级之间的人际关系。

A. 好　B. 较好　C. 一般　D. 较差　E. 很差

（9）压力在你求职或工作晋升中的作用：

A. 正面促进作用　B. 视情况而定　C. 没感觉　D. 负面，会影响情绪

E. 完全消极作用

（10）能找到适当的方法缓解内心的压力。

A. 好　B. 较好　C. 一般　D. 较差　E. 很差

（11）在不同场合，都能以大局为重，配合团队工作。

A. 好　B. 较好　C. 一般　D. 较差　E. 很差

（12）参加过多次团队活动，并获得团队成员的认可。

A. 好　B. 较好　C. 一般　D. 较差　E. 很差

（13）能清晰地表达自己的想法，具备较强的谈判能力。

A. 好　B. 较好　C. 一般　D. 较差　E. 很差

（14）与他人发生不愉快时，你的做法是：

A. 主动沟通　B. 默默忍受　C. 等他找我　D. 大吵一架　E. 不知所措

（15）能够对工作或生活中不了解的事物进行相应的知识学习。

A. 能够积极查找资料向别人请教

B. 自己查找资料学习

C. 对工作中必需的新知识才查找资料学习

D. 偶尔会自己查找资料或向别人请教

E. 直接忽略，不进行新知识的学习

（16）是否制订学习计划，如每周固定的学习充电安排等，并能够执行。

A. 制订中长期（≥2个月）的学习充电计划并能严格执行

B. 有中长期的学习计划并能够部分执行

C. 制订短期（≤2个月）学习计划，并能执行

D. 偶尔制订学习计划，执行情况一般

E. 没有学习计划也不进行充电学习

（17）物流系统相关知识对于物流从业人员的重要程度：

A. 很重要　B. 较重要　C. 一般　D. 视情况而定　E. 不重要

（18）熟悉物流系统分析的相关流程，能阐述一些物流系统规划的案例或有规划的亲身经历。

A. 好　B. 较好　C. 一般　D. 较差　E. 很差

（19）清楚地知道物流运营过程中的具体业务，并能运用管理学的知识给出有效运营建议。

A．好　B．较好　C．一般　D．较差　E．很差

（20）熟悉某个行业的物流运作管理过程，如汽车物流、电子商务物流、家电物流、烟草物流，能够进行时间、成本控制等。

A．好　B．较好　C．一般　D．较差　E．很差

（21）您知道哪工具和技术（如 GPS、GIS、RFID、Barcode 等）可以被应用到物流活动监控过程中？

A．四种以上　B．四种　C．三种　D．二种　E．一种

（22）能根据物流行业相关标准，运用评价方法，对物流活动进行合理评判。

A．好　B．较好　C．一般　D．较差　E．很差

（23）能熟练地操作物流管理方面的技能软件（如供应链管理、Flexsim、ERP、EDI、BarTender、仓储管理、运输管理、第三方物流、货代报关等）。

A．四种以上　B．四种　C．三种　D．二种　E．一种

（24）掌握库存盘点、货物堆码、载具驾驶等技能。

A．好　B．较好　C．一般　D．较差　E．很差

（25）关注一些企业在价格、质量、速度和服务等方面的管理案例。

A．经常会　B．偶尔会　C．不会　D．没有时间　E．不感兴趣

（26）掌握国际贸易和国际物流方面的相关知识，能够填制基本的国际物流单证。

A．好　B．较好　C．一般　D．较差　E．很差

附录五　现代职业教育物流管理专业本科人才核心能力培养成效调查问卷（学生版）

您好！我们正在进行一项关于物流管理本科学生核心能力培养成效的研究，请根据您的真实状态如实回答。本问卷旨在科研需要，匿名作答，希望您能充分表达自己的想法和观点。感谢您的支持和配合！

（1）在物流工作实践期间，能够对所做工作进行相应的思考和反思，并及时总结不足。（　　）

A．完全可以　B．有时可以　C．有点困难　D．很困难　E．不清楚

（2）可以很快适应企业的工作环境，虽偶有抱怨，也能及时进行自我疏

导。（　　）

　　A. 完全可以　B. 有时可以　C. 有点困难　D. 完全不能　E. 不清楚

　　（3）实习结束后，您对物流系统基础知识应用（配送路线设计、仓储设备合理布局等方面）的了解认知程度。（　　）

　　A. 90%（不含）以上　B. 71%～90%　C. 51%～70%　D. 30%～50%
E. 30%（不含）以下

　　（4）实习期间，您可以处理好工作与个人学习和生活间的冲突吗？
（　　）

　　A. 完全可以　B. 有时可以　C. 有点困难　D. 很困难　E. 从未试过

　　（5）实习期间您能和小组中的其他同学融洽相处，完成团队作业吗？
（　　）

　　A. 通常如此　B. 有时会　C. 有点困难　D. 很困难　E. 从来不会

　　（6）实习过程中，在分配工作、实践作业过程中，能与领班有效沟通，明确工作内容。（　　）

　　A. 通常如此　B. 有时会　C. 不确定　D. 不会　E. 从来不会

　　（7）针对仓库管理中存在的问题，你向实习单位提出过建设性的建议吗？
（　　）

　　A. 多次　B. 三次　C. 两次　D. 一次　E. 从未提过

　　（8）在实习过程中，对不懂的知识或技能，是否能够主动查找相关资料进行学习或向他人请教？（　　）

　　A. 经常对不懂的知识或技能主动查找资料同时也向别人请教

　　B. 经常对不懂的知识或技能主动查找资料学习

　　C. 偶尔会对不懂的知识或技能主动查找资料同时也向别人请教

　　D. 偶尔会对不懂的知识或技能主动查找资料学习

　　E. 对不懂的知识或技能直接忽略

　　（9）在实习中，您对于工作中所涉及的物流管理领域组织、协调、安排等知识及其具体工作流程明确，并及时处理相应工作环节出现的问题的符合程度。（　　）

　　A. 完全符合　B. 比较符合　C. 部分符合　D. 仅在少数工作中符合

　　E. 完全没想法

　　（10）你对自己通过图表、语言等方式向朋友介绍物流专业知识的满意度。（　　）

　　A. 非常满意　B. 比较满意　C. 不确定　D. 不满意　E. 非常不满意

（11）在实习中对所在单位和岗位的质量控制和工作流程控制是否熟悉？
（　　）

A. 完全熟悉　　B. 比较熟悉　　C. 了解一些环节　　D. 知道一些概念

E. 完全不了解

（12）在实习过程中，对货物盘点、包装及分拣等物流管理相关设备、设施等操作情况。（　　）

A. 90%（不含）以上设备、设施能够上手操作

B. 71%～90%设备、设施能够上手操作

C. 51%～70%设备、设施能够上手操作

D. 30%～50%设备、设施能够上手操作

E. 30%（不含）以下设备、设施能够上手操作

（13）在实习过程中对物流商务活动（如物流服务营销、电子商务物流等）的相关理论知识和技术技能应用程度。（　　）

A. 知识、技能均能够很好地应用

B. 部分环节能够应用技能和知识

C. 能够在较少的环节应用技能和知识

D. 在他人的指导下能够对部分环节进行相应技能和知识的应用

E. 基本无应用

附录六　现代职业教育物流管理专业本科人才 核心能力培养成效调查问卷（实习单位版）

您好！

我们正在进行一项关于学生培养成效情况的研究，请根据您对实习学生的具体表现的感受如实回答。本问卷旨在科研需要，匿名作答，希望您能充分表达自己的想法和观点。感谢您的支持和配合！

您的性别：_____您的岗位：_____

（1）您认为本届学生及其所具备的知识和能力能否满足贵单位相关岗位的用人需求？（　　）

A. 能够满足　　B. 基本满足　　C. 不满足

（2）与往届实习学生相比，您认为本届学生在专业知识、职业能力具备等方面的综合表现如何？（　　）

A. 较往届学生优秀　B. 与往届学生基本相同　C. 不如往届学生

（3）实习学生是否能够对工作中的一些工作内容进行观察、分析，并及时提出自己的疑问且能虚心求教？（　　　）

A. 经常提出工作中的疑问并能够虚心求教

B. 对某些工作内容提出疑问并能够虚心求教

C. 无疑问和求教

（4）您认为本届学生在面对较繁重、复杂的工作任务时，心理承受能力和抗压能力如何？（　　　）

A. 表现良好　B. 表现一般　C. 表现较差

（5）您认为本届学生的物流系统分析及规划等基础知识掌握与应用状况如何？（　　　）

A. 表现良好　B. 表现一般　C. 表现较差

（6）您认为在实际工作中，实习学生能否合理安排相应的工作任务，较好地协调工作和个人的事务？（　　　）

A. 能够很好地安排、协调　B. 多数场合下能够较好地安排、协调

C. 多次由于个人事务请假，工作任务安排混乱无条理

（7）您认为本届学生在工作实践过程中，能否与他人有效配合完成相应的工作任务？（　　　）

A. 能够较好地与他人配合完成　B. 部分工作能够配合完成

C. 与他人合作情况较差

（8）您认为本届学生在日常工作中的沟通能力表现如何？（　　　）

A. 表现良好　B. 表现一般　C. 表现较差

（9）在实际工作中，实习学生能否针对所遇到的实际问题，提出解决问题的新思路、新方法？（　　　）

A. 能够提出具备一定可行性的解决问题的新方法和新策略

B. 能够提出解决问题的新方法和新策略，但可行性欠佳

C. 没有提出过解决问题的新方法和新策略

（10）实习学生是否经常在工作中就不懂的知识和技术请教企业导师？（　　　）

A. 经常请教　B. 偶尔请教　C. 从不请教

（11）您认为本届学生在物流工作实践中的组织、协调、控制能力如何？（　　　）

A. 表现良好　B. 表现一般　C. 表现较差

（12）在实际工作中，学生能否运用专业知识对物流领域的相关问题进行

专业的表达和描述？（　　　）

    A. 能够较好地运用专业知识进行表达和描述

    B. 对部分工作实践内容能够运用专业知识进行表达和描述

    C. 对工作内容无法运用专业知识进行有效表达和描述

（13）您认为学生能否有效监控物流业务过程中的物流实践活动，并能给予较为合理的评定？（　　　）

    A. 能够较好地进行监控和评定

    B. 仅对部分物流工作环节能够进行相应的监控和评定

    C. 无监控和评定能力

（14）您认为本届学生对与物流工作相关的工具、设备的使用、操作能力如何？（　　　）

    A. 能够很好地使用和操作相关设备、工具

    B. 能够使用和操作部分设备和工具

    C. 对物流设备和工具基本无操作能力

（15）在工作实践中，学生能否参与相应的物流商务活动，并切实履行相应的工作职责？（　　　）

    A. 能够较好地胜任物流商务相关工作，并完成相应的工作

    B. 能够参与物流商务活动，完成工作情况一般

    C. 能够参与物流商务活动，完成工作情况较差

附录七　现代职业教育物流管理专业本科人才核心能力问卷打分结果

现代职业教育物流管理专业本科人才核心能力问卷打分结果见附表2。

附表2　现代职业教育物流管理专业本科人才核心能力问卷打分结果

序号	观察思考能力	专业表达能力	研究创新能力	协调安排能力	心理承受能力	团队合作能力	沟通能力	自我学习能力	物流系统规划设计能力	物流运营管理能力	物流过程监控评价能力	物流技术技能操作能力	物流商务能力
1	1.5	2	1.5	2	1.5	1.5	1	2	2	1.5	2.5	2	2
2	2	1	3	2	1	1.5	1.5	1.5	2	1.5	2	1.5	3
3	1	2	1	1	1	1	1	1	1	1	2	1	1

序号	观察思考能力	专业表达能力	研究创新能力	协调安排能力	心理承受能力	团队合作能力	沟通能力	自我学习能力	物流系统规划设计能力	物流运营管理能力	物流过程监控评价能力	物流技术技能操作能力	物流商务能力
4	2	4	4.5	2.5	2.5	1.5	3	2.5	4	5	4	5	5
5	2.5	3	3	2	2	2.5	3	3	2	3.5	2.5	3	3
6	2.5	2.5	2.5	1.5	2.5	2.5	2.5	3	3	3.5	2.5	3	2.5
7	2	2	2.5	2	2	2	2	2	1.5	1.5	2.5	1	2
8	1	2	3	2	2	2	2	4	2	2.5	2.5	3.5	3.5
9	2.5	3.5	3	1.5	2	1.5	1.5	2.5	3.5	3	3.5	4	2.5
10	1	3.5	2.5	3	2.5	2	3	1.5	1	2.5	1.5	2.5	1.5
11	2	3	2.5	2	2	1.5	2.5	2	2	3	3	2.5
12	4	3	3.5	2.5	2	2.5	2	1.5	2	2	2.5	2
13	1.5	3.5	1.5	2	3.5	2.5	1.5	1	1.5	1.5	1.5	4	3
14	1	2.5	1	1	1	1.5	2	1.5	1	1	3.5	3	3
15	2.5	3.5	2	1.5	1.5	2	1.5	3	1	2	3	3.5	3
16	3	4	3	2.5	2	2	2	2	2	2.5	1.5	3
17	2	2	1.5	2	1.5	2	1	2.5	1	2	1	1	1.5
18	2	2.5	3	2	2	2	1.5	2	2.5	2	3	2.5	2
19	2	3	2.5	2.5	3.5	2	3	3	3.5	3.5	3.5	4.5	4
20	2.5	3.5	2	2	1.5	2	2	3	2	2.5	2	3.5	4.5
21	2.5	4	3.5	3	2	2	2	3	3	3	3.5	3.5	4.5
22	1	2	1	1	1	1	1	1	3	1.5	2.5	2.5	3
23	1.5	4	3	2.5	1.5	1	1.5	2.5	3.5	5	3.5	5	5
24	1.5	1	2.5	1.5	2.5	2.5	2	2.5	2.5	2.5	2.5	2	2
25	2.5	3	2.5	3	3	2.5	2.5	3	3	3	3	4	2
26	1.5	1.5	1.5	1.5	1.5	1.5	1.5	1.5	1.5	2	2.5	1	2.5
27	2.5	3.5	3.5	2	2	2	1.5	2	2.5	4	3.5	4	4
28	2	3	4	4	2	2	3	2	3.5	2	2.5	2.5	1.5
29	2	4	2	2	2	2	1	2.5	2	2.5	2	2	2
30	2	2.5	2.5	2	1.5	1.5	1.5	1.5	2.5	2.5	2.5	3	3
31	1	3	2.5	2	1.5	1.5	1	2.5	2	2	3	3	2.5
32	3	3	3	2	2	2.5	3	1.5	2	3	3.5	2	2.5

序号	观察思考能力	专业表达能力	研究创新能力	协调安排能力	心理承受能力	团队合作能力	沟通能力	自我学习能力	物流系统规划设计能力	物流运营管理能力	物流过程监控评价能力	物流技术技能操作能力	物流商务能力
33	3.5	3.5	3.5	2	1.5	2	3.5	2.5	3	4	3.5	2.5	3
34	1	2	2.5	3	2	1.5	1	1	1	2	1	1	2.5
35	2	2	2.5	1	1	1	1.5	1.5	1.5	2.5	2	2	1.5
36	1	4	3	2	2.5	2.5	3	3	1	3	3	4	3.5
37	2.5	2.5	2.5	2	2.5	1.5	2	1.5	2	2.5	2	2.5	2
38	1.5	1.5	2.5	1	2	2	1	1.5	1.5	2.5	2.5	3	2
39	2.5	2	3	2	2	2	2.5	2	2.5	3	3.5	3.5	2.5
40	1.5	3.5	2.5	1.5	2	1.5	1.5	1.5	2.5	2	2.5	2.5	2.5
41	1.5	2	3	2	1.5	1	1	2	2	3	3	2	2.5
42	2	3	2.5	1.5	1.5	1.5	1	1	1.5	2.5	1.5	2	2.5
43	2	1.5	3	2.5	2.5	2	1	2.5	2	1	1.5	1	1
44	1	2	2	1	2	1.5	1.5	1.5	2	2.5	2	1.5	2.5
45	2.5	4	2.5	2	1.5	2	1.5	2	3	3	3	5	4
46	2.5	3	2.5	2	1.5	1.5	1.5	2.5	3	3.5	3	2.5	2.5
47	1.5	2.5	3	2.5	1	1	1	2	2.5	1.5	2	1.5	2.5
48	3	4	4	3	2.5	3	3	3	3	3	4.5	3.5	3
49	2.5	3.5	3.5	2.5	2	2.5	1.5	2.5	2.5	3.5	4	3	4.5
50	2.5	1.5	2.5	2.5	2.5	1.5	2.5	1.5	2.5	4.5	1.5	1.5	2.5
51	2	3.5	2.5	3.5	3	3.5	4	2.5	2.5	3	3		4
52	1	1	1	1	1	1	1	1	1	1	1	1	1
53	1.5	2.5	2.5	1	1	1.5	1	1.5	1.5	2.5	2.5	1	1.5
54	3	4	3.5	2.5	2.5	3	2.5	2	1.5	3.5	1.5	3	3
55	2	3	3	2.5	1	2	2	1.5	1	3	3	2	2
56	1	3.5	1	1	2.5	2	1	1	2	2	2	1.5	1.5
57	2.5	3.5	4	2.5	1.5	1	2.5	3	3	3	3.5	4	2.5
58	1	1.5	2	1	1	1	1	1.5	1.5	1.5	2	1.5	2
59	1	1.5	2	2	1.5	2	1.5	1.5	1	3	3	3	2.5
60	2	2.5	2	2	2	2	2.5	2.5	2.5	2.5	3.5	3	2
61	2.5	3.5	2.5	2	2.5	1.5	2	1.5	3	3	2.5	2.5	2

附表2(续3)

序号	观察思考能力	专业表达能力	研究创新能力	协调安排能力	心理承受能力	团队合作能力	沟通能力	自我学习能力	物流系统规划设计能力	物流运营管理能力	物流过程监控评价能力	物流技术技能操作能力	物流商务能力
62	3	3.5	4	3	3	2	2	2.5	3	3	3	3	3
63	2.5	3.5	2.5	1.5	1.5	1.5	1.5	3	2.5	3.5	4	4.5	4
64	2	3	2.5	1.5	2.5	2	2	2.5	2	3	2.5	4	3
65	2	2	2.5	1.5	2	1.5	1.5	1.5	2	2	2	2.5	1.5
66	2.5	3	2.5	2	2.5	2	2	2.5	2.5	3.5	4	5	3
67	1.5	2	3.5	2.5	2	1.5	2	1.5	2.5	2.5	2.5	2	2
68	1	2	1	1	1	2	2.5	2	1	2.5	2	2	2
69	2	3.5	2.5	1.5	2	1.5	1	2.5	2	2	2.5	3	2.5
70	2.5	4.5	3	3	4	3	2	3	2	3	3.5	4.5	2.5
71	2	4	3	1.5	2	1	2.5	2	2.5	3.5	4	3.5	3.5
72	2	3.5	2	1.5	1.5	1.5	2.5	2.5	2	3	3.5	4	2.5
73	3	3.5	2	3	1.5	1.5	2	1.5	2.5	2.5	3.5	4	2.5
74	2.5	3.5	4	1.5	1.5	2	2.5	3.5	2.5	3.5		4	1.5
75	2.5	3.5	3	2.5	2	2	2.5	1.5	2	3	3	4	2.5
76	3	3.5	3	3	3	2	2	2.5	3	3	2	3	3
77	3	3	2.5	3	2.5	2.5	2.5	3	3	3.5	4.5	4.5	4
78	2	1.5	2.5	2	2.5	2	1.5	1.5	2	2.5	2.5	2	2.5
79	2	3.5	2.5	2.5	2	2	2.5	3	2.5	3	4	3.5	2.5
80	1.5	2	1.5	1	1.5	1	1	1	1	1	2	1	1
81	1	2	2	1	1.5	1.5	1	1.5	2.5	3	3	1.5	2.5
82	2.5	3	3	2	2	2	1.5	1.5	2.5	3	3	5	3
83	2	3	2	2	2	1.5	2	2.5	2.5	2.5	3.5	2.5	2
84	1	2	3	2.5	2.5	2	2.5	2.5	2.5	2.5	2.5	3	2.5
85	2	2.5	1	2	1.5	3	1	1.5	1	1.5	1.5	1.5	2
86	1.5	1	3	1.5	1.5	2	1.5	2	1.5	2	1	1	1.5
87	1	4	2.5	2	2	1.5	1.5	1.5	2	3.5	3	4.5	3.5
88	3	2	2.5	2	2		3.5	1	2	3	2	2.5	2.5
89	2	1.5	2	2	2	2	1.5	2	1	1.5	1	1	1.5
90	3	3	4	2.5	1.5	2.5	2	3.5	3	4	3.5	4.5	2.5

序号	观察思考能力	专业表达能力	研究创新能力	协调安排能力	心理承受能力	团队合作能力	沟通能力	自我学习能力	物流系统规划设计能力	物流运营管理能力	物流过程监控评价能力	物流技术技能操作能力	物流商务能力
91	2	2	2	3	3	3	3	3	2	3	3.5	3	3
92	3	4	3	2.5	1.5	1.5	4	2.5	2.5	2.5	2.5	2	3
93	2.5	2.5	3	2	2	1.5	2	2.5	1.5	2	1.5	1.5	1.5
94	2	3	3.5	1.5	2	1.5	1.5	1.5	1.5	2.5	3	2.5	3
95	2.5	3	3.5	2.5	2.5	2	2	1.5	2	2.5	2	1.5	2.5
96	1.5	2	2.5	1.5	1	1.5	1.5	1.5	2	2	2	2.5	2.5
97	3	4	3.5	2	2.5	2	2	3.5	3	3	3.5	4	3.5
98	1.5	3.5	2.5	3.5	4	2	2	2	2.5	3	3	3.5	3.5
99	1.5	3.5	3	3	1.5	1	1	2	2.5	2.5	3.5	3	2.5
100	2.5	3.5	3.5	3	2	2	1.5	2.5	2	3	3	1.5	3.5
101	1.5	3	2.5	1.5	2	1.5	2.5	1.5	3	3	1.5	2.5	3
102	2	5	2.5	3	3	2	3	3.5	3	5	5	5	3
103	2	2.5	2	1.5	2	2	1.5	2	2	2	1.5	2	2
104	1.5	2	2	1.5	2	1.5	3	2	2	2	3	3	2.5
105	2	2.5	2.5	2	2.5	2.5	3	2.5	1.5	2.5	2	3	3.5
106	2	3	3	1.5	2.5	2.5	2.5	3.5	2	3	4	4	2
107	1	2	1	1.5	1	1	1	2	1.5	1.5	1.5	2.5	2
108	2.5	2.5	2	2	2	3	1.5	2.5	2	2	2	2.5	3
109	1.5	2.5	2	2	2	1	1.5	2	2	3.5	3	3	2.5
110	2	3.5	3.5	2	1.5	3	2	2	2	2	2	3.5	3
111	3.5	3.5	3.5	3	3	2.5	3	4	2.5	3	3	3	2
112	2	3.5	2.5	2	2.5	1.5	1.5	2	2.5	3.5	3	4	3
113	1	1	1	1	1	1	1	1	1	1	1	1	1
114	1	3	2	1.5	1.5	1	1	1	2.5	3.5	3	3.5	3.5
115	4	4.5	4	4	4	4	4	4	3.5	3.5	4	4.5	4.5
116	1.5	3	1.5	1.5	1	1	1	1.5	1	1.5	1.5	1.5	1
117	1	3	2	2	1.5	1.5	2.5	1	2	2.5	1.5	2.5	2.5
118	3.5	3	3.5	3.5	2.5	1.5	2	3.5	2.5	3.5	2	4	4.5
119	2	3	2	1.5	2	2	1.5	2.5	2	2	2	2	2

序号	观察思考能力	专业表达能力	研究创新能力	协调安排能力	心理承受能力	团队合作能力	沟通能力	自我学习能力	物流系统规划设计能力	物流运营管理能力	物流过程监控评价能力	物流技术技能操作能力	物流商务能力
120	2	2.5	2	2	2.5	3	1	2.5	2	2	3	3.5	3
121	3	4	3	2	1.5	2	1.5	2	2	3	4	4.5	3
122	1.5	5	1.5	2.5	2	1	2	1.5	2	3	3	3.5	2.5
123	1.5	3.5	2.5	2	2.5	2	2	2.5	2.5	3	3	3.5	3
124	2	3.5	3	3	3	2	2.5	3	2	3	3	3.5	2.5
125	1.5	3	2	2	1.5	1.5	1.5	2	2	2	3	3	3
126	1	1.5	1	1	1	1	1	2.5	3	2	1	2.5	2.5
127	3	3	3.5	2	2.5	2.5	2	2.5	3	1.5	3	3
128	2	3.5	2	1.5	3	2	2	3	2	3	2	1.5	1.5
129	1	3	2	2.5	2	2	2.5	2.5	2	3	3.5	3	3
130	1	3	1	1	1	1	1	1	1	1	1	2.5	3	1
131	2	5	3.5	3	3.5	3	2	3	4	5	4	5	5
132	3	2.5	3	2	2	2	4	2.5	2.5	3	3	2.5	2.5
133	2	2	3.5	2	2.5	2	2.5	2.5	1.5	2	3	2	2
134	3	3	2.5	3	1.5	2	2	3	2.5	2	3	3	3
135	3	3	2	3	2.5	2	2.5	2.5	1.5	2.5	2.5	2	2.5
136	2	3.5	2	1.5	1.5	2	1.5	1.5	1.5	2	4	5	3.5
137	2.5	4	2.5	1	2	1	2	2.5	3	2.5	3	3.5	4
138	3	4	3	2	1.5	1.5	1.5	2	1.5	2	3	2	2.5
139	1	3.5	2	2	1	2	1.5	2.5	1.5	2	2.5	2	2.5
140	2	2	2	2.5	2.5	1.5	1	1.5	1.5	2	2.5	1.5	2.5
141	2	4.5	3.5	3	2	2.5	2.5	3	2.5	4	4.5	5	5
142	2.5	4	3	2	1.5	1.5	2.5	2	2	3	1.5	2.5	2.5
143	1	1.5	1.5	1	1	1.5	1.5	1.5	1	1.5	1.5	1.5	2
144	1	1	1	1	1	2.5	1	1	1	1	1	2.5	1
145	3	2.5	3.5	3	2.5	3.5	2.5	2.5	2.5	3	2	4	3
146	2	3.5	3.5	3	2	2	2	2	3.5	4	2	5	4.5
147	2.5	3	3	3	2	2.5	2	3	3	3	3	3	3
148	2.5	2.5	2.5	1.5	2.5	1.5	2	2	2	3	3	2.5	2

序号	观察思考能力	专业表达能力	研究创新能力	协调安排能力	心理承受能力	团队合作能力	沟通能力	自我学习能力	物流系统规划设计能力	物流运营管理能力	物流过程监控评价能力	物流技术技能操作能力	物流商务能力
149	2	3	2.5	1	2	1.5	2.5	2	2	2	2.5	3.5	2.5
150	1	3.5	1.5	1	2	1	1.5	1	1	2	1.5	2	1.5
151	2	3.5	3.5	3	1.5	1.5	1.5	2	2	3.5	2.5	2.5	3
152	2	2	2.5	1.5	2	2	1	2	1.5	2	2	2	2
153	1	3	1.5	1	1	1	1	1.5	2	3	2	3	2
154	2.5	3.5	2.5	1.5	2	2	2.5	2.5	2	2	1.5	5	3.5
155	3	4.5	3	2.5	2	2	3.5	2	3	2.5	5	5	5
156	2	4	2.5	2	2	2	2.5	2	3.5	3	4	3.5	2.5
157	1.5	2.5	2.5	2	1	1.5	1.5	1.5	1.5	2	2	1.5	2.5
158	2	3	3	3	2.5	2.5	2	3	1	3	3	3	2
159	2	2	3	1	1.5	1	1	1.5	1.5	2.5	2	4	2.5
160	2	2	3.5	2	2	2	1	1.5	1.5	2.5	2	2	3.5
161	2.5	3	3.5	1.5	2	1.5	1.5	2.5	2.5	2.5	3.5	3.5	2.5
162	3	3	3	2	1.5	2	2	2.5	2	3	3.5	3	2.5
163	1	2	2	2	2	2.5	1.5	1.5	1.5	2	2.5	1.5	2
164	2.5	3.5	3	3	1.5	2.5	2	2.5	2	3	3.5	3.5	3
165	3	3	3.5	3	2	2	2	2	2	3	3	3	2.5
166	1	3	2.5	2.5	1.5	3	1.5	1.5	2.5	3	2.5	2
167	2	4	3	2.5	1.5	2.5	1.5	3	3.5	3	3	3.5	2.5
168	3.5	3	3.5	1.5	1.5	1.5	3	1.5	2.5	4	2.5	3	3.5
169	3	3	3.5	2.5	2.5	2.5	2	2.5	3	3	2.5	2.5	3
170	3	3.5	4.5	2.5	1	2.5	2	3	2.5	1.5	3.5	4	4
171	2	4	3	2	1.5	2	1.5	2.5	2.5	3	2.5	3	2
172	2.5	3.5	2.5	1.5	2	1	4	1.5	2	3.5	2	3.5	3
173	2	2.5	2	1.5	1.5	1.5	1.5	2	3	2	2.5	2	1.5
174	2	3.5	3	2	1	1	1	2.5	2	2.5	3.5	4.5	3
175	2	4	3	2.5	2	2	2.5	2.5	3.5	4	3.5	2	4.5
176	1	2	1	1.5	1.5	1	2	1.5	3	1.5	3.5	1	2.5
177	2.5	4	3.5	2	2.5	2.5	2	3	1.5	3	3	3.5	2.5

序号	观察思考能力	专业表达能力	研究创新能力	协调安排能力	心理承受能力	团队合作能力	沟通能力	自我学习能力	物流系统规划设计能力	物流运营管理能力	物流过程监控评价能力	物流技术技能操作能力	物流商务能力
178	2	1	2.5	1	1	1.5	2.5	1.5	1.5	1.5	2	2	2
179	3.5	3.5	3.5	3	2	2.5	2.5	3	2.5	4	4	4.5	4
180	1.5	3	2.5	2	3.5	1.5	1.5	2	2.5	2.5	2	3.5	2
181	1	1.5	3	1.5	1	1.5	1.5	2	3	1.5	3	1.5
182	2	2.5	2	1.5	2	1.5	2	2.5	3.5	3	3	3
183	2.5	2	3.5	2.5	2.5	2.5	3	1.5	2.5	3.5	1.5	2	3
184	2	2.5	2	2.5	2.5	2.5	1.5	1.5	2	3	2	4	2.5
185	2	2.5	1.5	2	2	1.5	1	1	2	2.5	5	5	3.5
186	3	3	3	1	1	1	1	1.5	2	2.5	2.5	2	2
187	1	3.5	2	2	1.5	1	1	1.5	2.5	2	3.5	3	3.5
188	3	4.5	4	4.5	4	5	4.5	4.5	3	5	4.5	5	5
189	2	3	2.5	2	2	2	1.5	1.5	2.5	2.5	1.5	2	1.5
190	2.5	3	3	3	2.5	2.5	3	3.5	3.5	2	4.5	2.5	3
191	3	3.5	3	2	2	2	1.5	2.5	3	3	2.5	3	2.5
192	3	4	3	2	2	2	2	3	3	4	3	4	4.5
193	3	4	4	2	3.5	2.5	2	2.5	3	3.5	3.5	4.5	3.5
194	1.5	3.5	2.5	2	1	2	1.5	2.5	1.5	2	3	3
195	2	2	2	2	2	1.5	1.5	2	2.5	4	1.5	2.5	2.5
196	2.5	4	3.5	2.5	2	2	1.5	2.5	3	3	3	2.5
197	1.5	4	3.5	3.5	1.5	2	2	3	3.5	4.5	3	4.5	4.5
198	2	3	2.5	2	1	2	1.5	1.5	2	2	2.5	4	2
199	1	3	2	2	1	1.5	1	1	1	2	2	2	2
200	1.5	2.5	3	1.5	2	1	2	3	3	2.5	3.5	2.5	2.5
201	2.5	3.5	3	1	1	1.5	1	2	2	3	3	2.5	2
202	2	2.5	3	2.5	1	2	1.5	2	3	3	3	2.5
203	2	1.5	1.5	1	1.5	2	1	1	1	1	1	1	1
204	2.5	4	3	2.5	2	2.5	2.5	2	2.5	2.5	3	2.5	2
205	1	1	1	1	1	1	1	1	1	1	1	1	1
206	2	4	3.5	1	2	2	2	3	3	3.5	3	4	3.5

序号	观察思考能力	专业表达能力	研究创新能力	协调安排能力	心理承受能力	团队合作能力	沟通能力	自我学习能力	物流系统规划设计能力	物流运营管理能力	物流过程监控评价能力	物流技术技能操作能力	物流商务能力
207	1	3	1	1.5	1	2	1	1.5	1.5	2	1.5	1.5	1.5
208	2	4	2	2.5	2	2	2	3	2	3.5	4.5	3	3.5
209	1	1	1.5	1.5	1	1	1.5	1	1	2	1	1	2
210	3.5	4	3.5	2.5	2	2.5	2	3	2.5	5	4	4	4
211	1	1.5	1	1.5	1	1.5	1	2	1	1	2.5	2.5	2.5
212	3	4.5	3	2	1.5	2	2	3	4	3.5	4.5	4.5	5
213	1.5	3.5	2.5	3	2	1	2	2	1.5	1.5	2.5	3	2
214	2	4	3	2	2	2	2	1.5	2.5	3	2	3	2.5
215	3	4.5	3.5	2	2	1.5	2.5	4	1	4	4	4	4.5
216	3	3	3	2	2	2.5	2	2	2.5	2	2	3.5	2.5
217	3	4	3	3	2.5	2.5	3	3	2.5	3	3	4	2.5
218	1.5	3.5	2	1.5	2	1	1	1.5	1.5	2	2	2.5	2.5
219	3	4.5	3	4	3.5	3.5	4.5	3	3.5	4	3	4	4
220	1.5	1	1	1	1	1	1	1	1	1	1	1	2.5
221	1.5	1.5	1.5	1.5	1	1	1.5	1	1.5	1.5	1	1.5	1
222	1	3.5	1.5	1	1	1.5	1	2	1.5	2.5	4	2	3
223	1	1.5	1	1	1	1	1	1	1	1	1.5	1	1
224	1.5	2.5	1.5	2	2	1.5	1.5	1.5	2	1.5	2	2,5	2.5
225	2	2	2.5	2.5	2	2.5	3.5	2.5	3	3	2	3	2.5
226	1.5	2.5	3.5	2	1.5	1.5	2	2	2.5	3.5	3.5	2	2.5
227	2	3.5	2.5	1.5	2	2	3	3	2.5	2.5	3	2	3
228	3	4	3	3	2	3	2.5	3	3.5	3	4	5	4.5
229	2	3	2	1.5	3.5	1.5	2	1	2.5	2.5	2	1.5	1.5
230	2	4	3	1.5	1.5	1	1.5	2.5	2.5	3	3.5	2.5	2.5
231	3	1.5	3	1.5	2	2	1	1.5	2	2.5	2	2	2.5
232	2	4	3	3	2	2.5	2.5	3	2.5	2.5	4.5	5	5
233	2.5	3.5	3	2	1.5	2	2	2	2.5	3.5	3.5	3.5	2
234	1	4	3.5	2.5	1.5	3.5	1.5	3	3	3.5	3.5	3.5	2
235	2	1	1	1	1	1	1	1	1	1	1	1	1

序号	观察思考能力	专业表达能力	研究创新能力	协调安排能力	心理承受能力	团队合作能力	沟通能力	自我学习能力	物流系统规划设计能力	物流运营管理能力	物流过程监控评价能力	物流技术技能操作能力	物流商务能力
236	3	3.5	3.5	3	3	2.5	3.5	3	2	3.5	3.5	3.5	3.5
237	2.5	3.5	3	2	2.5	2	1	2	2.5	3	3.5	3	2.5
238	2	4	3.5	2.5	2.5	3	2	2	2.5	3.5	4	4	3
239	4.5	3	2.5	3.5	2	2.5	2	2.5	3	2.5	4	4.5	4.5
240	3.5	3	4	2.5	1.5	2.5	1.5	3.5	3	3.5	3	3.5	2.5
241	2	1.5	2	1	1.5	1.5	2	2.5	2.5	2	3	3.5	2
242	2.5	4.5	4.5	3	2.5	2.5	2	3	2	3.5	3.5	5	4.5
243	2	4.5	3	2.5	2.5	3	2	3	2.5	3	4	5	3.5
244	2	3.5	2.5	2	1.5	2	1.5	1.5	2.5	3	3.5	4	3
245	2.5	4	3.5	2.5	2.5	2	2	2.5	2.5	3	4	4	3
246	3	4	3	3	3.5	3	2.5	2.5	2.5	3.5	3	5	5
247	3	3	3	2.5	2.5	2.5	2.5	2.5	2.5	3	3.5	4	3.5
248	1.5	2.5	2.5	3	2	4	2	1	1	1.5	4	1.5	3
249	2	4	3.5	2.5	1.5	3	1.5	3	2.5	4	4.5	4.5	3.5
250	2	3	3	3	1.5	2.5	1.5	2.5	2	2.5	3	3	3
251	2.5	4.5	2.5	2	2	2	2	1.5	2	2.5	5	5	3
252	2	3	2.5	1.5	1.5	1	1.5	1.5	1.5	2	2	2	2
253	3	2	3	2	2	1	1.5	3	2.5	3	4	4.5	2.5
254	1	1.5	1	1	1	1	1	1	1	1	1	1	1
255	2	3	3	2	2	2.5	1.5	2.5	2	2.5	3.5	3.5	2.5
256	2	3	3	2	1.5	2	2	2	2	2.5	2	4	3
257	3	4	4	3	2	2.5	2	2.5	3.5	3	4.5	4	3.5
258	2.5	3.5	3	3	3.5	3	2.5	3.5	2.5	2.5	4.5	5	4.5
259	3	3.5	3	1.5	1.5	2	2	2	1.5	3	3.5	3	3
260	1.5	4	2.5	3	2	2	3.5	2	2	3	3	3	3
261	3	3	3	2	1.5	2	3.5	3	2	3	3	3.5	2.5
262	2	2.5	2	2	1	1	2	2	1	2	2.5	2.5	2
263	1	2.5	1.5	1.5	2	1.5	2.5	1.5	2.5	2.5	2.5	3	2.5
264	3	2	3	2	2	2	1.5	2	3	3.5	3	2	3

序号	观察思考能力	专业表达能力	研究创新能力	协调安排能力	心理承受能力	团队合作能力	沟通能力	自我学习能力	物流系统规划设计能力	物流运营管理能力	物流过程监控评价能力	物流技术技能操作能力	物流商务能力
265	2.5	3.5	3.5	2.5	2	2	2.5	2	2	3	3.5	4.5	3.5
266	2.5	2.5	2.5	2	2	2	2	2	2	1	2.5	1.5	2
267	2.5	3	2	1.5	2	1.5	1.5	2.5	2	2	3	3.5	3
268	2	1.5	2	2	2	2	2	2	1.5	2	3	2	4.5
269	2	3.5	3	2.5	2	1	2	3	1	1.5	3.5	2	2.5
270	3	3.5	3.5	2.5	1.5	1.5	1.5	2	2	3	4	4.5	3
271	1.5	3.5	2.5	1.5	2	1	1.5	2	2	2.5	4	4	2.5
272	2.5	3.5	4	4	1.5	3.5	3	2	2.5	1	3	3.5	2.5
273	2.5	3.5	4	3.5	2	3	3	2.5	3	4.5	4	3	3.5
274	2	3.5	3	2	2	2	2.5	2.5	3.5	3	4.5	3.5
275	2.5	2	2	3.5	3	2.5	1.5	3.5	2.5	1.5	1	1.5	2.5
276	2	2.5	3	2	2	1.5	2	3	3	3	3	3	3
277	1	1	1	1	1.5	1.5	1	1	1	1	2.5	2.5	3
278	2	2.5	3	2	1.5	1.5	1.5	2	2	3	3.5	3	2
279	2.5	3.5	4	2.5	2.5	1.5	3	3	2.5	4	3.5	3.5	3.5
280	2	3.5	3	1.5	2.5	2	1.5	3	2.5	3	4	4	4
281	1	3	2	2	2	2	2.5	1.5	1	1	1	1	2.5
282	2	2	2.5	1	3.5	1	2	2.5	1.5	2.5	3	5	5
283	2.5	3.5	3	3	3.5	3	2	3	3	3	3	4.5	4.5
284	1	2	1	1.5	1	1	1.5	1.5	2	2.5	3.5	3	3.5
285	2.5	4	3	2.5	2	1.5	3	1.5	3	3.5	4.5	4.5	3.5
286	2	2	2	1.5	1.5	2	1.5	1.5	1.5	2.5	2	3	1.5
287	2	3.5	3.5	1.5	1.5	2	2	2	3.5	4	3.5	4.5	3.5